Popular Complete Smart Series

Complete
FrenchSmart®

Grade
4

Contents

Les objets de classe

School Supplies

Vocabulary: Words for school supplies

Expressions: « C'est un/une... » "It's a..."

   « Ce sont... » "They are..."

Grammar: Plural endings in French

un crayon

euhn kreh·yohn

a pencil

In French, nouns are either masculine (m.) or feminine (f.). The article that introduces the noun tells its gender.

noun	introduced by
masculine	un or le
feminine	une or la

des crayons

deh kreh·yohn

some pencils

A.   Copiez les mots et écrivez « m » dans la boîte si le nom est masculin et « f » s'il est féminin.

Copy the words and indicate whether they are masculine or feminine by writing either "m" or "f".

1. a pen

un stylo *euhn stee·loh*

M

2. an eraser

une gomme *ewn gohm*

f

3. a marker

un marqueur *euhn mar·kuhr*

M

4. a coloured pencil

un crayon de couleur *euhn kreh·yohn duh koo·luhr*

M

5. **un crayon**
euhn kreh·yohn

a pencil

M

6. **la colle**
lah kohl

glue

F

7. **un cahier**
euhn kah·yeh

a workbook

M

8. **une règle**
ewn rehgl

a ruler

f

9. **une feuille de papier**
ewn fuhy duh pah·pyeh

a sheet of
paper

P

10. **une chaise**
ewn shehz

a chair

F

11.

a whiteboard

un tableau blanc
euhn tah·bloh blaan

M

a backpack

un sac à dos
euhn sahk ah doh

M

a binder

un cartable
euhn kahr·tahbl

M

B. **Remplissez les boîtes avec les mots suivants.**
Fill in the boxes with the words below.

- **le livre** luh leevr
  the book

- **le tapis** luh tah·pee
  the carpet

- **la règle** lah rehgl
  the ruler

- **le crayon** luh kreh·yohn
  the pencil

- **le bureau** luh bew·roh
  the teacher's desk

- **la chaise** lah shehz
  the chair

- **le pupitre** luh pew·peetr
  the student's desk

- **le tableau noir** luh tah·bloh nwahr
  the blackboard

A B C D E F
a b c d e f

1. Un taleau noiri

2. Une crayon

3. le Pupitre

4. Une chaise

5. le bureau

6. le tapis

7. la règle

8. la livre

C. **Écrivez les mots en français. Ensuite cherchez les mots français dans la grille.**

Write the words in French. Then find the French words in the word search.

```
b  t  i  l  h  e  b  e  m  k  b  z  c  a  r  m  k  b  z  c
p  g  a  j  v  u  p  r  o  s  f  n  a  e  e  o  s  f  n  a
a  u  b  p  r  g  f  v  l  g  q  c  r  r  c  l  g  q  c  r
p  n  m  e  i  n  n  i  p  n  b  f  t  t  a  p  n  n  f  t
i  o  a  a  g  s  p  l  s  a  z  l  a  i  f  s  a  z  l  a
e  u  g  s  r  o  h  a  l  n  w  m  b  p  f  l  n  w  m  b
r  q  k  w  w  q  c  b  m  x  j  i  l  q  e
t  a  y  l  e  à  u  n  o  t  r  k  e  p  a
l  d  d  x  d  p  s  e  c  r  a  y  o  n  e
l  p  o  o  e  u  c  q  u  e  q  m  c  l  m
u  e  s  l  b  x  u  a  e  r  i  c  g  z  m
m  a  b  o  y  j  y  x  h  c  o  è  l  t  o
z  k  t  y  k  t  q  d  e  i  r  u  h  t  g
t  u  v  v  t  b  s  d  k  t  e  b  g  y  p
a  e  s  i  a  h  c  o  t  l  e  r  i  l  m
```

backpack	une sac a dos	book	la livre
pencil	une crayon	marker	une stylo
workbook		ruler	le regle
binder		pen	le pen
chair	une chaise	paper	une papie
carpet	une tapis	eraser	une gomme

Plural Endings in French

When changing nouns from singular to plural, use the following word endings:

- For most words, add an "-s" to the end.
  e.g. un livre → des livre**s**

- Words that end in "-s" stay the same.
  e.g. un autobus → des autobus

- For words ending in "-eau" and "-ou", add an "-x".
  e.g. un bureau → des bureau**x**

Remember, the articles change too!

singular		plural
un/une	→	des *deh*
le/la	→	les *leh*

D. Écrivez les mots au pluriel.

Write the words in plural.

singulier singular	**pluriel** plural
un stylo	des stylo
un tableau	des tableau
le pupitre	les pupitre
la chaise	les chaise
un tapis	des tapis
le livre	les livre
un bureau	des bureau
une règle	des regle
le crayon	les crayon

Expressions

C'est un crayon!

En anglais : In English	En français : In French
"It's a..."	« C'est un/une... » *seht euhn/ewn*
"They are..."	« Ce sont des... » *suh sohn deh*

E. **Écrivez les expressions au singulier et au pluriel.**
Write the expressions in singular and in plural.

1. a. C'est un _____ .

    b. Ce sont des _____ .

2. a. _____

    b. _____

3. a. _____

    b. _____

4. a. _____

    b. _____

5. a. _____

    b. _____

À l'école

At School

Vocabulary: Words for common people and places at school

Expressions: « Est-ce que je peux aller à...? »
"May I go to...?"

Est-ce que je peux aller aux toilettes?

ehs kuh juh puh ah·leh oh twah·leht

May I go to the washroom?

A. Copiez les mots.
Copy the words.

Les endroits à l'école
Places at School

la bibliothèque
the library

lah bee·blyoh·tehk

le corridor
the hallway

luh ko·ree·dohr

la salle des professeurs
the teachers' lounge

lah sahl deh proh·feh·suhr

la cour d'école
the schoolyard

lah koor deh·kohl

les toilettes des filles
the girls' washroom

_____

leh twah·leht deh feey

les toilettes des garçons
the boys' washroom

_____

leh twah·leht deh gar·sohn

> **Ce sont les toilettes des filles!**

le gymnase
the gymnasium

_____

luh jeem·nahz

la classe de musique
the music class

_____

lah klass duh mew·zeek

la fontaine
the drinking fountain

_____

lah fohn·tehn

le bureau
the office

_____

luh bew·roh

la cafétéria
the cafeteria

_____

lah kah·feh·teh·ryah

la salle de classe
the classroom

_____

lah sahl duh klahs

un étudiant
a boy student

une étudiante
a girl student

euhn eh·tew·dyaan

ewn eh·tew·dyaant

la bibliothécaire the librarian

lah bee·blyoh·teh·kehr

le concierge the caretaker

luh kohn·syehrj

> **le bibliothécaire**
> *the librarian (man)*
>
> **la concierge**
> *the caretaker (woman)*
>
> **le secrétaire**
> *the secretary (man)*
>
> **la professeure**
> *the teacher (woman)*

la secrétaire the secretary

lah suh·kreh·tehr

le professeur the teacher

luh proh·feh·suhr

le directeur
the principal (man)

la directrice
the principal (woman)

luh dee·rehk·tuhr

lah dee·rehk·treess

B. Identifiez chaque personne dans l'image.
Identify each person in the picture.

le concierge   la directrice   la secrétaire
le professeur   l'étudiant

1.

2.

3.

4.

5.

C. Mettez chaque activité (A-D) dans le bon endroit. Ensuite écrivez le nom de chaque endroit.

Put each activity (A-D) in the correct place. Then write the name of the place.

la bibliothèque	la cour d'école
la cafétéria	la salle de classe

Est-ce que je peux aller à la cour d'école?
ehs kuh juh puh ah·leh ah lah koor deh·kohl

En anglais :	En français :
In English	In French
"May I go to...?"	« Est-ce que je peux aller à...? »
	ehs kuh juh puh ah·leh ah

D. Complétez les questions à l'aide des images et des mots donnés.
Complete the questions with the help of the pictures and the given words.

1.

the library

Est-ce que je peux aller à _____ ?

2.

the music class

Est-ce que je peux aller à _____ ?

3.

the classroom

_____

_____

La famille

Family

Vocabulary:	Family members
Expressions:	« Voici... »
	"Here is..."
Grammar:	Expressing possession with "de"

> **Voici l'animal domestique de la famille!**
> *vwah·see lah·nee·mahl doh·mehs·teek duh lah fah·meey*
>
> *Here is the family pet!*

A. Copiez les mots.

Copy the words.

La famille de Diana
lah fah·meey duh dyah·nah
Diana's family

le	la

"le/la" become " l' " in front of words starting with a vowel.

e.g. le + enfant → l'enfant
the child

C le frère
luh frehr

_____

D le bébé
luh beh·beh

_____

A le père
luh pehr

_____

B la mère
lah mehr

_____

E la sœur
lah seuhr

_____

le fils
son

luh feess

la fille
daughter

lah feey

le grand-père
grandfather

luh graan·pehr

la grand-mère
grandmother

lah graan·mehr

l'oncle
uncle

lohnkl

la tante
aunt

lah taant

le cousin

cousin (boy)

luh koo·zahn

la cousine

cousin (girl)

lah koo·zeen

l'enfant

child

laan·faan

l'animal domestique

pet

lah·nee·mahl doh·mehs·teek

B. **Remplissez les tirets pour identifier les membres de la famille.**
Fill in the blanks to identify the members of the family.

une maison
ewn meh·zohn

A house!

- p__ __e
- __œ__r
- f__ __le
- b__b__
- a__ima__   d__m__sti__ue

- m__r__
- f__ __re
- f__ __s

- gra__ __-p__ __e
- gr__n__-mè__ __

- o__c__e
- c__us__n

- c__ __ __ine
- t__n__e

C. Mettez les lettres dans le bon ordre.
Put the letters in the correct order.

1. œsur _____

2. dgarn-èerm _____

3. cnoel _____

4. neioucs _____

5. erèp-nardg _____

6. ttnae _____

7. coinsu _____

8. bbéé _____

D. Créez votre arbre généalogique.
Create your family tree.

Mon arbre généalogique

Expressions

En anglais : In English	En français : In French
"Here is..."	« Voici... » vwah·see

Voici mon frère!
vwah·see mohn frehr
Here is my brother!

E. **Remplissez les tirets et trouvez le mot mystère.**
Fill in the blanks and find the mystery word.

Voici le __ r__r__ .

Voici la t__ __te.

Voici la grand-__ __re.

Voici le co__ __ __ n.

Voici l'o__c__ e.

Voici le f__ __ s.

Voici la __o__ u__ .

Mot mystère
Mystery word

_____

Grammar

Expressing Possession with "de"

The French preposition "de" can be used to indicate possession. It goes after the possessed object/person and before the possessor.

e.g.   la sœur **de** Marcel
the sister **of** Marcel/Marcel's sister

F.   Remplissez les tirets selon l'arbre généalogique.
Fill in the blanks according to the family tree.

> **Voici Jean, le père de Marcel.**
> *vwah·see jaan luh pehr duh mahr·sehl*
> *Here is Jean, Marcel's father.*

1.   Voici Alice, _____ _____ de Marcel.

2.   Voici Susanne, ____ _____ - _____ de Marie.

3.   Voici _____ , la tante ____ Pierre.

4.   Voici Alex, ____ _____ de Marcel.

5.   Voici Marie, ____ _____ de Julie.

6.   Voici Alice, ____ sœur ____ Christie.

Les jours de la semaine

The Days of the Week

Vocabulary: Days of the week

Expressions: « Je vais à... » "I go to..."

> **Le lundi, je vais à l'école!**
> *luh luhn·dee juh veh zah leh·kohl*
> *On Monday, I go to school!*

A. Copiez les mots.
Copy the words.

une semaine
a week

_____

ewn suh·mehn

la date
the date

_____

lah daht

un jour
a day

_____

euhn joor

les jours de la semaine
the days of the week

_____

leh joor duh lah suh·mehn

le calendrier
the calendar

_____

luh kah·laan·dree·yeh

lundi
luhn·dee

mardi
mahr·dee

mercredi
mehr·cruh·dee

jeudi
juh·dee

vendredi
vaan·druh·dee

samedi
sahm·dee

dimanche
dee·maansh

_____
Monday

_____
Tuesday

_____
Wednesday

_____
Thursday

_____
Friday

_____
Saturday

_____
Sunday

B. **Numérotez les jours de la semaine du premier (1) au dernier (7).**
Number the days of the week from first to last (1–7).

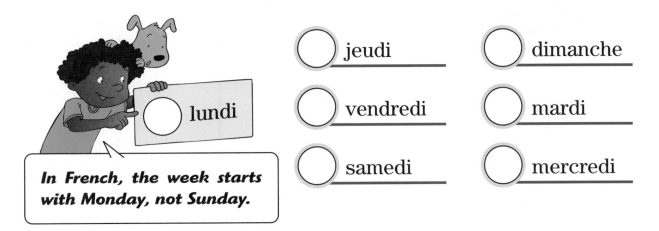

In French, the week starts with Monday, not Sunday.

○ lundi

○ jeudi   ○ dimanche

○ vendredi   ○ mardi

○ samedi   ○ mercredi

Attention!

In French, the days of the week start with a lower case letter while in English, they start with a capital letter.

C.   **Remplissez les tirets avec les bonnes lettres.**

Fill in the blanks with the correct letters.

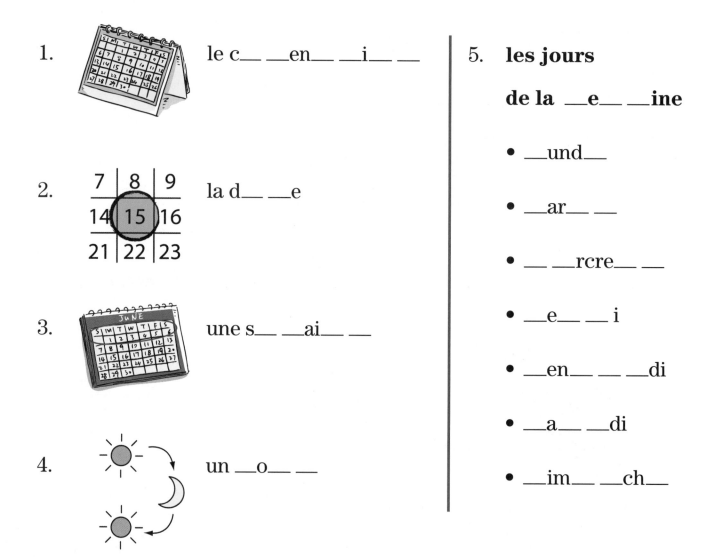

1. le c__ __en__ __i__ __

2. la d__ __e

3. une s__ __ai__ __

4. un __o__ __

5. les jours

 de la __e__ __ine

 • __und__

 • __ar__ __

 • __ __rcre__ __

 • __e__ __ i

 • __en__ __ __di

 • __a__ __di

 • __im__ __ch__

D. Mettez les jours de la semaine dans le bon ordre.
Put the days of the week in the correct order.

les jours de la semaine
leh joor duh lah suh·mehn

weekdays

la fin de semaine
lah fahn duh suh·mehn

the weekend

The French say both "**la fin de semaine**" and "**le week-end**"!

mardi
vendredi
jeudi
mercredi
lundi
samedi
dimanche

E. Écrivez les mots en français.
Write the words in French.

_____   _____
the week   the weekend

F.   Utilisez la clé pour trouver les mots mystères.
Use the key to find the mystery words.

la clé *lah kleh*
the key

En anglais :
In English

"I go/am going to..."

En français :
In French

« Je vais à... »

juh veh zah

Je vais à la salle des professeurs.
juh veh zah lah sahl deh proh·feh·suhr
I am going to the teachers' lounge.

G. Remplissez les tirets avec l'expression « je vais à... ».

Fill in the blanks with the expression "I go to...".

1. Le lundi, _____ l'école.

2. Le mardi, _____ la cour d'école.

3. Le mercredi, _____ la bibliothèque.

4. Le jeudi, _____ la classe de musique.

5. Le vendredi, _____ la salle de classe.

6. Le samedi, _____ la fontaine.

7. Le dimanche, _____ la pêche.
pehsh
fishing

Les mois de l'année

The Months of the Year

Vocabulary: Months of the year

Expressions: « Aujourd'hui c'est... » "Today is..."

Aujourd'hui c'est le 14 février!
oh·joor·dwee seh luh kah·tohrz feh·vree·yeh
Today is February 14th!

A. Copiez les mots.
Copy the words.

janvier
January

_____

jaan·vyeh

février
February

_____

feh·vree·yeh

avril
April

_____

ah·vreel

mars
March

_____

mahrs

mai
May

_____

meh

juin
June

jew·ahn

juillet
July

jwee·yeh

août
August

oot

septembre
September

sehp·taambr

octobre
October

ohk·tohbr

novembre
November

noh·vaambr

décembre
December

deh·saambr

le mois
the month

luh mwah

B. Écrivez le nom de votre mois favori et celui de votre anniversaire.
Write the name of your favourite month and the month of your birthday in French.

mon mois préféré :
my favourite month

le mois de mon anniversaire :
the month of my birthday

Attention!

In English, the names of the months begin with a capital letter but in French, they begin with a lower case letter unless they are at the beginning of the sentence.

C. **Remplissez les tirets pour compléter le nom du mois.**
Fill in the blanks to complete the name of the month.

f_vrie_   j_in   o_to_r_

_ove_b_e   d_cem_re

j_ill_t   a_ri_

m_rs

a_ût   s_pte_bre   _ai

j_nv_er

D. Écrivez le mois correspondant sous chaque image.
Write the corresponding month under each picture.

avril   octobre   décembre

juillet   septembre   mai

1. _____

2. _____

3. _____

4. _____

5. _____

6. _____

E. **Trouvez les mois cachés dans la grille et écrivez-les dans le bon ordre.**

Find the names of the months in the word search and write them in the correct order.

Les mois de l'année

_____

_____

_____

_____

_____

_____

_____

_____

_____

_____

_____

_____

Expressions

Saying the Date

En anglais :
In English

Today is **day** , **month** **date** , 2013.

En français :
In French

Aujourd'hui c'est le **day** **date** **month** 2013.

oh·joor·dwee seh luh…duh·meel·trehz

Aujourd'hui c'est le mardi 9 avril 2013.

oh·joor·dwee seh luh mahr·dee nuhf ah·vreel duh·meel·trehz

Today is Tuesday, April 9th, 2013.

avril

mardi 9

F.   Écrivez la date.

Write the date.

A août
samedi
17

B juin
lundi **10**

C juillet vendredi **5**

1. **A** Aujourd'hui c'est le _____ _____ 2013.

   B Aujourd'hui c'est le _____ _____ 2013.

   C Aujourd'hui c'est le _____ _____ 2013.

2.

Write today's date.

Aujourd'hui c'est le _____

_____ .

Les nombres : de 1 à 15

Numbers: 1 to 15

Vocabulary: Numbers 1 to 15

Expressions: « Il y a... » "There is/are..."

Il y a quinze ballons.
eel ee yah kahnz bah·lohn
There are fifteen balls.

A. Copiez les mots.
Copy the words.

un one

euhn

deux two

duh

trois three

trwah

quatre four

kahtr

cinq five

sahnk

six six

seess

sept seven

seht

huit eight

weet

neuf nine

nuhf

dix ten

deess

onze eleven	**quatorze** fourteen
ohnz	_kah·tohrz_
douze twelve	**quinze** fifteen
dooz	_kahnz_
treize thirteen	**les nombres** the numbers
trehz	_leh nohmbr_

B. Coloriez le nombre d'objets indiqué.

Colour the number of objects indicated.

1. un

2. trois

3. cinq

4. deux

5. huit

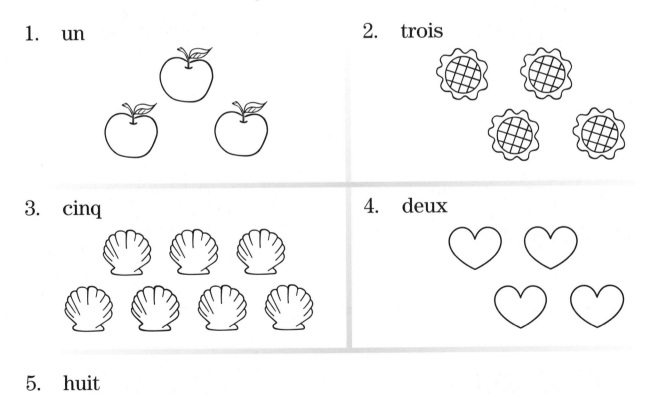

C. Comptez les objets. Ensuite encerclez la bonne réponse.
Count the objects. Then circle the correct answer.

1.

cinq / quatorze

2.

huit / un

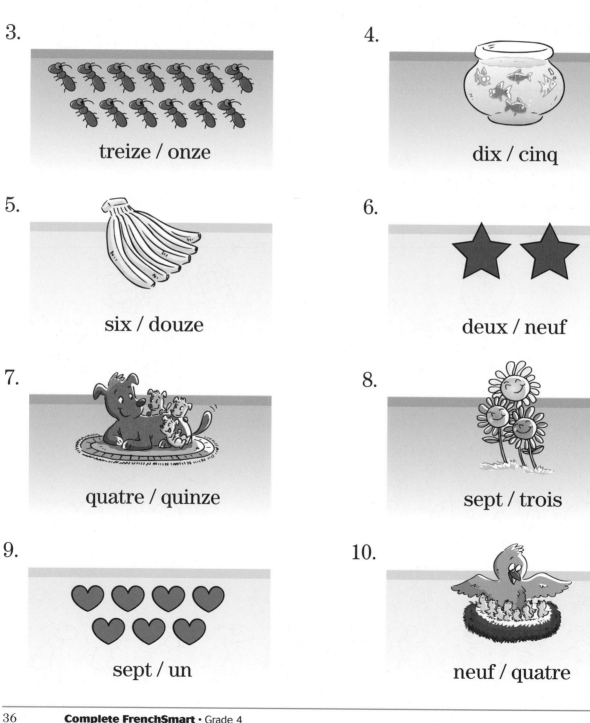

3.
treize / onze

4.
dix / cinq

5.
six / douze

6.
deux / neuf

7.
quatre / quinze

8.
sept / trois

9.
sept / un

10.
neuf / quatre

D. **Dessinez le bon nombre d'objets.**
Draw the correct number of items.

Staplers

trois crayons — **Wow!**
5 $

deux chaises — **8 $**

six gommes — **2 $**

M & G Supplies

huit cahiers

cinq paires de ciseaux
pairs of scissors

sept marqueurs

Bolts **10 $**

quatre sacs à dos

E. **Lisez la recette de salade de fruits. Écrivez les nombres en lettres.**
Read the recipe for a fruit salad. Write the numbers in words.

| **coupez** cut
koo·peh | **ajoutez** add
ah·joo·teh | **mesurez** measure
muh·zu·reh |

La salade de fruits
Fruit Salad

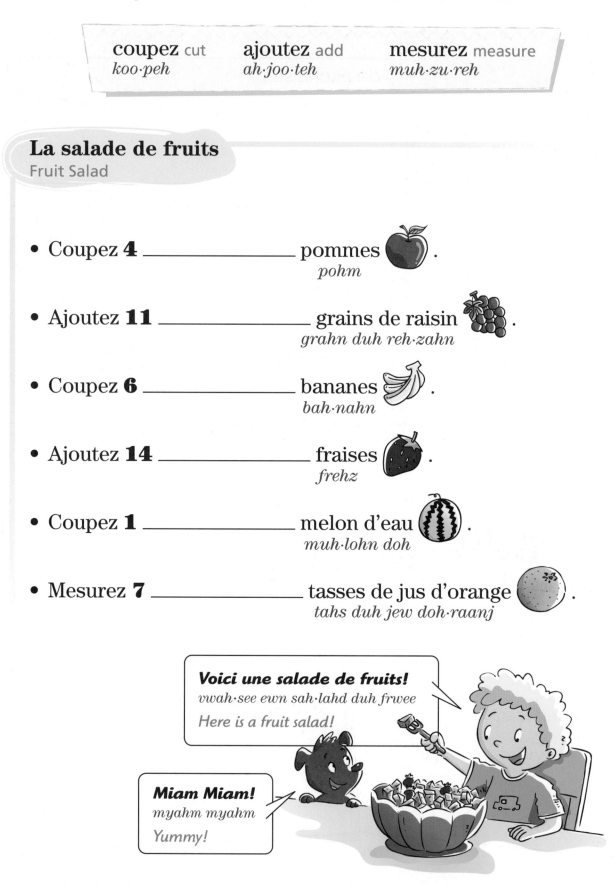

- Coupez **4** _____ pommes
pohm

- Ajoutez **11** _____ grains de raisin
grahn duh reh·zahn

- Coupez **6** _____ bananes
bah·nahn

- Ajoutez **14** _____ fraises
frehz

- Coupez **1** _____ melon d'eau
muh·lohn doh

- Mesurez **7** _____ tasses de jus d'orange
tahs duh jew doh·raanj

> **Voici une salade de fruits!**
> *vwah·see ewn sah·lahd duh frwee*
> Here is a fruit salad!

> **Miam Miam!**
> *myahm myahm*
> Yummy!

Expressions

En anglais :	En français :
In English	**In French**
"There is/are..."	« Il y a... »
	eel ee yah

Il y a trois oiseaux!
eel ee yah trwah zwah·zoh
There are three birds!

F. **Complétez les phrases avec l'expression « Il y a... » ou avec le bon nombre écrit en lettres.**

Complete the sentences with the expression "Il y a..." or the correct numbers in words.

1. _____ quatre crayons.

2. _____ quinze professeurs.

3. Il y a _____ stylos.

4. Il y a _____ livres.

G. **Écrivez les phrases 3 et 4 en anglais.**

Write sentences 3 and 4 in English.

1. _____

2. _____

Les nombres : de 16 à 30

Numbers: 16 to 30

Vocabulary: Numbers 16 to 30

Expressions: « Combien de...y a-t-il? »
"How many...are there?"

le régime de : Charlie
Charlie's diet

Combien de jours y a-t-il en mars?
kohm·bee·yahn duh joor ee·yah·teel aan mahrs
How many days are there in March?

A. Copiez les mots et ajoutez les nombres qui manquent.
Copy the words and add the missing numbers.

Il y a trente et un jours en mars, Charlie!
eel ee yah traant·eh·euhn joor aan mahrs shahr·lee
There are thirty one days in March, Charlie!

1 un _____	6 six _____	11 onze _____
2 deux _____	7 sept _____	12 douze _____
3 trois _____	8 huit _____	13 treize _____
4 quatre _____	9 neuf _____	14 quatorze _____
5 cinq _____	10 dix _____	15 quinze _____

seize   16   dix-sept   17

dix-sept = 10 + 7
dix-huit = 10 + 8
dix-neuf = 10 + 9

_____
sehz

_____
dees·seht

dix-huit   18   dix-neuf   19   vingt   20

_____
deez·weet

_____
deez·nuhf

_____
vahn

vingt et un   *21*

_____
vahn·teh·euhn

vingt- _____   *22*

_____
vahnt·duh

vingt- _____   *23*

_____
vahnt·trwah

vingt- _____   *24*

_____
vahnt·kahtr

> The 20's are written as follows:
>
> vingt et un (21=20+1)
> vingt-deux (22=20+2)
> vingt-trois (23=20+3)
> ...
> vingt-neuf (29=20+9)

vingt- _____   *25*

_____
vahnt·sahnk

_____   *26*

_____
vahnt·seess

_____   *27*

_____
vahnt·seht

_____   *28*

_____
vahnt·weet

_____   *29*

_____
vahnt·nuhf

trente   *30*

_____
traant

B. Reliez les chiffres aux nombres correspondants.
Match the numbers with the number words.

vingt et un •   • vingt-cinq

vingt-deux •   • vingt-trois

dix-sept •   • seize

trente •   • vingt

30 17 33 15 21 22 18 24 23 25 19 29 16 20

C. **Écrivez le nombre des bonbons dans chaque image en lettres.**
Write the number of candies in each picture in words.

A _____

B _____

C _____

D _____

E _____

F _____

G _____

H _____

D. Encerclez ou écrivez le nombre correspondant en chiffres.
Circle or write the number that matches the number word.

1. vingt-trois **23 21**   2. dix-huit **15 18**

3. vingt-quatre **17 24**   4. vingt et un **21 6**

5. vingt-deux **16 22**   6. vingt **20 22**

7. dix-sept **17 29**   8. vingt-six **31 26**

9. vingt-neuf **29 21**   10. vingt-huit **18 28**

11.

12.

13.

14.

15.

16.

E. Faites les mots croisés.

Do the crossword puzzle.

16 à 30

Expressions

En anglais :
In English

Question:
"How many...are there?"

Answer:
"There are..."

En français :
In French

Question :
« Combien de...y a-t-il? »
kohm·bee·yahn duh...ee·yah·teel

Réponse :
« Il y a... »
eel ee yah

Combien de crayons de couleur y a-t-il?
How many coloured pencils are there?

Il y a seize crayons de couleur.
There are sixteen coloured pencils.

F. Selon le cas, écrivez la question ou la réponse.
In each case, write the question or the answer.

Use the expression "Il y a..." from unit 6 to answer the questions.

1. Q : Combien de crayons y a-t-il?
   A : 24 crayons

   _____

2. Q : Combien de marqueurs y a-t-il?
   A : 16 marqueurs

   _____

3. Q : _____
   A : Il y a trente gommes.

4. Q : _____
   A : Il y a dix-sept cahiers.

L'heure et le temps du jour

The Hour and the Time of Day

Vocabulary: Words related to time

Expressions: « Quelle heure est-il? »
"What time is it?"

« Il est... »
"It is..."

> **Quelle heure est-il?**
> *kehl uhr eh·teel*
> *What time is it?*

> **Il est 11 h 30.**
> *eel eh ohnz uhr traant*
> *It is eleven thirty.*

A. Copiez les mots.
Copy the words.

1. **une horloge**
   a clock

   _____

   ewn ohr·lohj

2. **une heure**
   an hour

   _____

   ewn uhr

3. **une minute**
   a minute

   _____

   ewn mee·newt

4. **le matin**
   the morning

   _____

   luh mah·tahn

5. **l'après-midi**
   the afternoon

   _____

   lah·preh mee·dee

6. **le soir**
   the night

   _____

   luh swahr

7. **à midi**
   at noon

   _____

   ah mee·dee

8. **à minuit**
   at midnight

   _____

   ah mee·nwee

9. **l'heure**
   the time

   _____

   luhr

Writing the Time

En anglais : In English	En français : In French
3:00	3 h
8:15	8 h 15
5:30	5 h 30

B. **Écrivez l'heure en français.**
Write the time in French.

1. 2:45 _____

2. 6:55 _____

3. 4:27 _____

4. 12:04 _____

5. 11:17 _____

6. 3:58 _____

7. _____

8. _____

9.

10.

In French, we tell the time using a 24-hour clock. Instead of starting over at 1 after noon (12:00 p.m.), the 24-hour clock continues to count: 13, 14, 15, etc. So when you have dinner at 6 p.m., it's really 18 h!

11:00 p.m.
23 h

Remember, the minutes stay the same!

C. **Utilisez l'horloge de 24 heures pour écrire l'heure en français.**
Use the 24-hour clock to write the time in French.

1. 8:30 a.m. _____

2. 10:15 a.m. _____

3. 1:30 p.m. _____

4. 3:45 p.m. _____

5. 7:50 a.m. _____

6. 12:07 p.m. _____

7. 9:15 p.m. _____

8. 11:25 a.m. _____

9. 4:40 p.m. _____

10. 1:45 p.m. _____

11.

_____

12.

_____

D. Copiez les mots.
Copy the words.

le matin
the morning

Le temps du jour
The time of day

le soir
the night

le matin
luh mah·tahn

l'après-midi
lah·preh mee·dee

le soir
luh swahr

_____
the morning

_____
the afternoon

_____
the night

E. Encerclez l'expression temporelle qui correspond à l'heure donnée.
Circle the time of the day that matches the given time.

1. —— **22 h 30** ——

    l'après-midi

    le matin   le soir

2. —— **14 h 15** ——

    le matin

    le soir   l'après-midi

3. —— **7 h 45** ——

    le soir

    l'après-midi   le matin

4. —— **16 h 20** ——

    l'après-midi

    le soir   le matin

5. —— **6 h 15** ——

    le matin

    l'après-midi   le soir

6. —— **19 h 10** ——

    le soir

    le matin   l'après-midi

F. Reliez l'heure au bon temps du jour.
Match the time with the correct time of the day.

1. 13 h 10 •

2. 20 h 15 •

3. 14 h 15 •

4. 21 h 25 •

5. 10 h 12 •

6. 7 h 45 •

• le matin

• le soir

• l'après-midi

G. Encerclez l'heure correspondante à l'image.
Circle the time shown in the picture.

1.

2.

A. 8 h 30

B. 16 h

C. 18 h

A. 10 h 15

B. 12 h

C. 21 h

Expressions

Asking the Time

En anglais :

In English

Question: "What time is it?"

Answer: "It is..."

En français :

In French

Question : « Quelle heure est-il? »
kehl uhr eh·teel

Réponse : « Il est... »
eel eh

Quelle heure est-il?

Il est 16 h.

H. Répondez aux questions selon l'heure à chaque ville.

Answer the questions according to the time in each city.

1. Q : Quelle heure est-il à Paris?

A : _____

2. Q : Quelle heure est-il à New York?

A : _____

3. Q : Quelle heure est-il à Londres?

A : _____

4. Q : Quelle heure est-il à Toronto?

A : _____

La révision 1

La révision
- Les objets de classe
- À l'école
- La famille
- Les jours de la semaine
- Les mois de l'année
- Les nombres : de 1 à 30
- L'heure et le temps du jour

A. Encerclez la bonne réponse.
Circle the correct answer.

C'est...

1. A. un cahier   B. un crayon   C. un livre

2. A. un marqueur   B. un livre   C. un étudiant

3. A. un tapis   B. un pupitre   C. une règle

4. A. de la colle   B. un tableau   C. un cartable

5. A. un bureau   B. un stylo   C. une chaise

6. A. une paire de ciseaux   B. une règle   C. le papier

7.

A. la cafétéria

B. la bibliothèque

C. le gymnase

D. la cour d'école

8.

A. le bureau

B. le couloir

C. la fontaine

D. le gymnase

9.

le mardi 23 avril 2013

A. la date

B. lundi

C. une semaine

D. l'école

10.

8

A. trois

B. dix

C. huit

11.

24

A. vingt-quatre

B. vingt-cinq

C. douze

12.

trente

A. thirty

B. eleven

C. nine

13.

 p.m.

A. 10 h 15

B. 12 h 20

C. 14 h 30

14.

A. des frères

B. un oncle

C. des sœurs

15.

A. un bébé

B. une mère

C. une tante

B. Remplissez les tirets pour écrire les noms des objets.

Fill in the blanks to write the names of the objects.

A l__ s__i__

B __ct__br__

C __i__

D u__ c__hi__ __

E __éc__ __br__

F m__d__

G j__ __d__

H u__ ca__ __nd__i__r

I __in__t-h__ __t

J u__ bé__ __

K u__ an__m__ __ do__es__iqu__

L une m__n__ __e

M u__ c__rta__ __e

N __ne p__of__s__ __ __re

O un __ra__ __n de c__ __l__ __r

C. Mettez les lettres dans les bons cercles.
Put the letters in the correct circles.

the librarian ◯

brother ◯

the month ◯

August ◯

a week ◯

a pen ◯

the gym ◯

Sunday ◯

March ◯

a student ◯

a daughter ◯

the scissors ◯

A une semaine

B le gymnase

C un étudiant

D un stylo

E une fille

F les ciseaux

G mars

H dimanche

I le mois

J août

K la bibliothécaire

L le frère

D. Écrivez les bonnes lettres dans les cercles.
Write the correct letters in the circles.

1. C'est un sac à dos. _____ ◯

2. Est-ce que je peux aller à la cafétéria? _____ ◯

3. Aujourd'hui c'est le vendredi 21 juin 2013. _____ ◯

4. Il y a sept paires de ciseaux. _____ ◯

5. Combien d'étudiants y a-t-il? _____ ◯

A

B Il y a deux chiens.

C Il y a un concierge.

6. Je vais à la maison. _____ ◯

A

B

C

7. Voici ma grand-mère. _____ ◯

A

B

C

8. Quelle heure est-il? _____ ◯

A C'est le 24 mars.

Mars
24

B Il est 8 h 30.

a.m.

C Il y a un bébé.

Les pronoms personnels sujets

Personal Subject Pronouns

Vocabulary: Personal subject pronouns

Grammar: The verb « avoir » "to have"

> **J'ai trois frères!**
> jeh trwah frehr
> I have three brothers!

A. Copiez les mots.
Copy the words.

singulier (sg.)
singular

je I

_____
juh

tu you (sg.)

_____
tew

il he

_____
eel

elle she

_____
ehl

pluriel (pl.)
plural

nous we

_____
noo

vous you (pl.)

_____
voo

ils they (m.)

_____
eel

elles they (f.)

_____
ehl

Les pronoms personnels singuliers
Singular Personal Pronouns

Il masculin
He/It masculine

- masculine singular common nouns
  e.g. le garçon

- masculine proper nouns
  e.g. Jean

→ can be replaced by **"il"**
  e.g. le garçon → **il**
       Jean → **il**

Elle féminin
She/It feminine

- feminine singular common nouns
  e.g. la fille

- feminine proper nouns
  e.g. Sarah

→ can be replaced by **"elle"**
  e.g. la fille → **elle**
       Sarah → **elle**

B. **Remplacez les noms avec le pronom « il » ou « elle ».**
Replace the nouns with the pronoun "il" or "elle".

1. Simon _____

2. un bébé _____

3. la gomme _____

4. le stylo _____

5. la tante _____

6. Marcel _____

7. Caroline _____

8. le chien _____

9. une chaise _____

10. la semaine _____

11. un sac à dos _____

12. le directeur _____

13. la cousine _____

14. le cartable _____

Les pronoms personnels pluriels
Plural Personal Pronouns

Ils masculin
They masculine

- masculine plural common nouns
  e.g. **les** garçon**s**

- more than one masculine proper noun
  e.g. Jean et Pierre

- any group of nouns with at least one masculine noun
  e.g. Marie, Julie et Jean

→ can be replaced by **"ils"**

e.g. les garçons → **ils**

    Jean et Pierre → **ils**

    Pierre, Jean et Julie → **ils**

Elles féminin
They feminine

- feminine plural common nouns
  e.g. **les** fille**s**

- more than one feminine proper noun
  e.g. Sarah et Julie

→ can be replaced by **"elles"**

e.g. les filles → **elles**

    Sarah et Marie → **elles**

elles + il = ils

C. **Remplacez les noms avec le pronom « ils » ou « elles ».**
Replace the nouns with the pronoun "ils" or "elles".

1. Simon et Jean   _____

2. les livres (m.) _____

3. les pupitres (m.)   _____

4. les règles (f.) _____

5. Marie et Caroline _____

6. les chiens   _____

7. Simon et la chaise _____

8. Julie, Jean et les chiennes _____

Grammar

AVOIR au présent
To have

singular	plural
J'**ai** *jeh* I have	Nous **avons** *noo zah·vohn* We have
Tu **as** *tew ah* You have	Vous **avez** *voo zah·veh* You (pl.) have
Il **a** *eel ah* He has	Ils **ont** *eel zohn* They (m.) have
Elle **a** *ehl ah* She has	Elles **ont** *ehl zohn* They (f.) have

The pronoun "je" becomes "j'" before a vowel.

je + ai = j'ai

I have

D. Complétez les phrases avec la bonne forme du verbe « avoir ».

Complete the sentences with the correct form of the verb "avoir".

Nous 1._____ des pommes.

Ils 2._____ un animal domestique.

Tu 4._____ un chandail.

J' 3._____ un crayon.

E. Reliez chaque pronom à la bonne phrase.
Match each pronoun with the correct phrase.

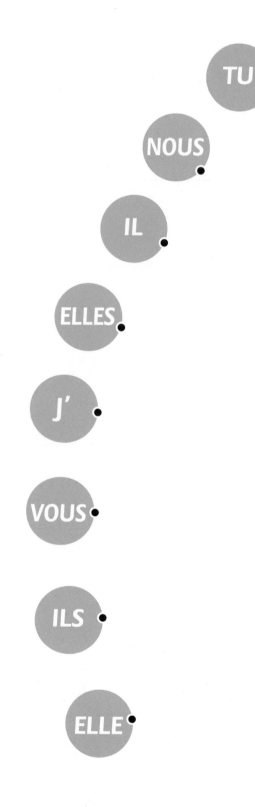

TU

NOUS

IL

ELLES

J'

VOUS

ILS

ELLE

- **ai une règle.**
  have a ruler.

- **ont des crayons.**
  have pencils.

- **as trois feuilles de papier.**
  have three pieces of paper.

- **avons des professeurs.**
  have teachers.

- **a une gomme.**
  has an eraser.

- **ont des chaises.**
  have chairs.

- **avez des cahiers.**
  have workbooks.

- **a un stylo.**
  has a pen.

F. **Lisez l'histoire et encerclez les pronoms qui pourraient remplacer les mots soulignés.**

Read the story and circle the pronouns that could replace the underlined words.

1. *Le père et la mère* de Marcel ont deux filles et deux fils. 2. *Marcel* a deux sœurs. 3. *Les deux sœurs de Marcel* ont un animal domestique, Charlie. 4. *Marcel* a aussi un frère, Pierre. 5. *Pierre*, le bébé, a une balle. 6. *Marcel, les deux sœurs de Marcel, Charlie et Pierre* ont une maison.

1. Ils

   Vous

   Nous

2. Je

   Il

   Elles

3. Elles   Ils   Nous

4. Elle

   Vous

   Il

5. Nous

   Il

   Charlie

6. Je

   Elle

   Ils

« et » = "and"

e.g. Marie *et* Charlie

Marie *and* Charlie

Chez moi

At My House

Vocabulary: Household objects

Grammar: The verb « être » "to be"

Expressions: « Où est... ? » "Where is...?"

« Il/Elle est dans... » "It's in..."

A. Copiez les mots.

Copy the words.

Chez moi, la baignoire est dans la salle de bain.

sheh mwah lah behy·nwahr eh daan lah sahl duh bahn

At my house, the bathtub is in the washroom.

une machine à laver

———————————————

ewn mah·sheen ah lah·veh

une chaise

———————

ewn shehz

un lit

———————

euhn lee

une baignoire

———————

ewn behy·nwahr

une douche

———————

ewn doosh

un canapé

———————

êuhn kah·nah·peh

un réfrigérateur

———————

euhn reh·free·jeh·rah·tuhr

un fauteuil

———————

euhn foh·teuhy

une lampe

———————

ewn laamp

une table

———————

ewn tahbl

un oreiller

———————

euhn oh·reh·yeh

une toilette

———————

ewn twah·leht

une télévision

———————

ewn teh·leh·vee·zyohn

la maison
the house

la cheminée

lah meh·zohn

lah shuh·mee·neh

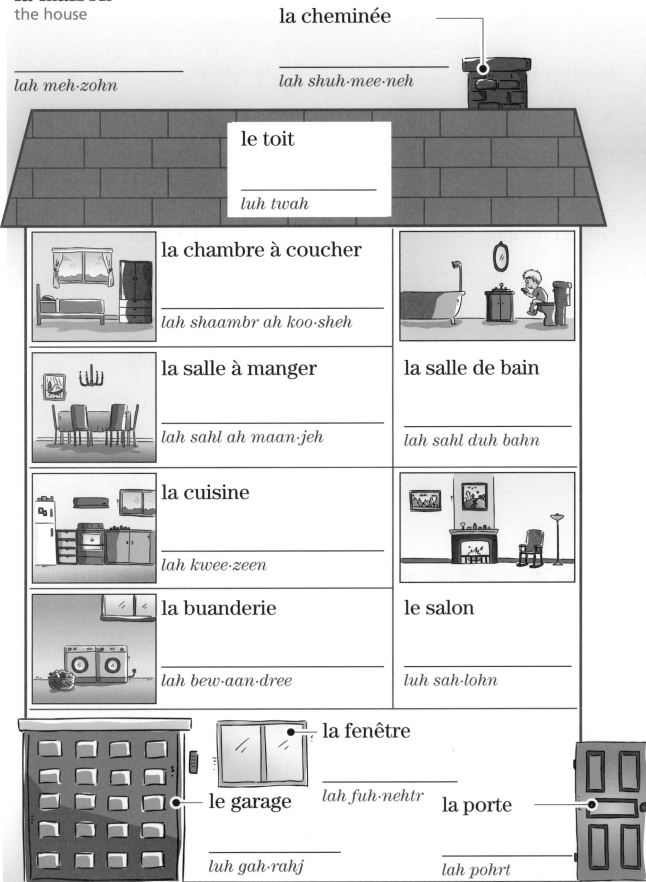

le toit

luh twah

la chambre à coucher

lah shaambr ah koo·sheh

la salle à manger

lah sahl ah maan·jeh

la salle de bain

lah sahl duh bahn

la cuisine

lah kwee·zeen

la buanderie

lah bew·aan·dree

le salon

luh sah·lohn

la fenêtre

le garage

lah fuh·nehtr

la porte

luh gah·rahj

lah pohrt

B. **Encerclez les objets qui se trouvent dans chaque pièce.**

Circle the objects that would be found in each room.

1. la cuisine

    A. une toilette

    B. une table

    C. un réfrigérateur

    D. un oreiller

2. le salon

    A. un lit

    B. une baignoire

    C. un canapé

    D. un fauteuil

3. la chambre à coucher

    A. une lampe

    B. un lit

    C. une baignoire

    D. un oreiller

4. la salle de bain

    A. une douche

    B. une toilette

    C. une machine à laver

    D. un réfrigérateur

C. **Écrivez le nom de chaque partie de la maison.**

Write the name of each part of the house.

1. _____

2. _____

3. _____

4. _____

5. _____

Grammar

ÊTRE au présent
To be

singular	plural
Je **suis** I am *juh swee*	Nous **sommes** We are *noo sohm*
Tu **es** You are *tew eh*	Vous **êtes** You are *voo zeht*
Il **est** He is *eel eh*	Ils **sont** They (m.) are *eel sohn*
Elle **est** She is *ehl eh*	Elles **sont** They (f.) are *ehl sohn*

D.   Remplissez les tirets avec la bonne forme du verbe « être ».
Fill in the blanks with the correct form of the verb "être".

Je 1._____ heureux!
uh·ruh
I am happy!

Elle 2._____ une fille.
ewn feey
She is a girl.

Vous 3._____ fâchés.
You (pl.) are angry. *fah·sheh*

Elles 4._____ tristes.
They (f.pl.) are sad. *treest*

Je 5._____ une fille.

Je 6._____ un garçon.

Où est la lampe?

oo eh lah laamp

Where is the lamp?

Expressions

OÙ
Where

En anglais :	**En français :**
In English	In French
Question: "Where is...?"	Question : « Où est...? »
	oo eh
Answer: "It is **in**..."	Réponse : « Il/Elle est **dans**... »
	eel/ehl eh daan

E. **Répondez aux questions par des phrases complètes.**
Answer the questions with complete sentences.

e.g. Où est la toilette?   _Elle est dans la salle de bain._

1. Où est le canapé?   _____

2. Où est la machine à laver?   _____

3. Où est la douche?   _____

4. Où est l'oreiller?   _____

5. Où est la table?   _____

F. **Demandez l'endroit de chaque objet avec « Où est... ».**
Ask the location of each object using "Où est...".

A _____

B _____

G. Encerclez la bonne réponse.

Circle the correct answer.

1.

Où est la table?

Elle est dans...

A. la salle à manger.

B. la salle de bain.

C. la chambre à coucher.

2.

Où est la cheminée?

Elle est sur...
on

A. le salon.

B. le toit.

C. la buanderie.

3.

Où est la baignoire?

Elle est dans...

A. la cuisine.

B. la salle de bain.

C. la salle à manger.

4.

Où est la chaise?

Elle est dans...

A. la cuisine.

B. le garage.

C. la salle de bain.

Les animaux domestiques

Domestic Animals (Pets)

Vocabulary: Domestic animals

Expressions: « Mon animal préféré est... »
"My favourite animal is..."

A. Copiez les mots.
Copy the words.

> **Mon animal préféré est le chien.**
> *mohn ah·nee·mahl preh·feh·reh eh luh shyahn*
> *My favourite animal is the dog.*

un cochon d'Inde

euhn koh·shohn dahnd

un serpent

euhn sehr·paan

un oiseau

euhn wah·zoh

une grenouille

ewn gruh·nooy

un poisson

euhn pwah·sohn

un lézard

euhn leh·zahr

un chat

euhn shah

une tortue

ewn tohr·tew

un hamster

euhn ahm·stehr

un chien

euhn shyahn

une chienne

ewn shyehn

un lapin

euhn lah·pahn

B. Encerclez le bon mot français.
Circle the correct French word.

1. ——— **Bird** ———

une grenouille / un oiseau

2. ——— **Rabbit** ———

un lapin / une tortue

3. ——— **Fish** ———

un lézard / un poisson

4. ——— **Snake** ———

un serpent / un chat

5. ——— **Cat** ———

un chat / un chien

6. ——— **Frog** ———

un lapin / une grenouille

C. Écrivez les noms des trois animaux qui composent chaque animal bizarre.
Write the names of the three animals that make up each mysterious creature.

1.

2.

3.

_____

_____

_____

D. **Écrivez le nom de l'animal domestique auquel chaque objet appartient.**

Write the name of the domestic animal to whom each object belongs.

1.

___h__t

2.

c__ __e__

3.

p__i__ __on

4.

__is__ __u

5.

__a__s__ __ __

6.

l__ __i__

7.

t__rt__ __

8.

co__h__n __'__nd__

9.

__éz__r__

10.

__ren__ __ __l__ __

__hi__ __ __e

E. Mettez les lettres dans le bon ordre.

Put the letters in the correct order.

1. petsren

_____

2. rnegiloule

_____

3. npsoios

_____

4. pnial

_____

5. treotu

_____

6. délzra

_____

7. hact

_____

8. soeiàu

_____

9. ichne

_____

F. **Écrivez les mots manquants et trouvez les mots cachés dans la grille.**

Write the missing French words and find them in the word search.

1. Le _____ est dans l'eau. The fish is in the water.

2. Il y a une _____ dans la cuisine! There is a frog in the kitchen!

3. Le _____ a une balle. The cat has a ball.

4. Le _____ est dans la maison. The guinea pig is in the house.

5. Le _____ est un animal domestique. The rabbit is a domestic animal.

6. Le _____ est dans ma chambre. The hamster is in my room.

7. Le _____ est dans le désert. The lizard is in the desert.

8. L' _____ est dans le ciel. The bird is in the sky.

Expressions

En anglais : **In English**	En français : **In French**
"My favourite animal is…"	« Mon animal préféré est… » *mohn ah·nee·mahl preh·feh·reh eh*

Mon animal préféré est le serpent!
mohn ah·nee·mahl preh·feh·reh eh luh sehr·paan
My favourite animal is the snake!

G. **Complétez les phrases à l'aide des images et du verbe « être ».**
Complete the sentences with the help of the pictures and the verb "être".

1. Mon animal préféré ———————————— .

2. Mon animal préféré ———————————— .

3. Mon animal préféré ———————————— .

H. **Quel est votre animal préféré? Répondez par une phrase complète.**

What is your favourite animal? Answer with a complete sentence.

Dessinez-le!
Draw it!

———————————————————

———————————————————

Les couleurs

Colours

Vocabulary: Words for colours

Grammar: Different forms of colour adjectives

Expressions: « J'aime... » "I like..."

« Je n'aime pas... » "I don't like..."

J'aime le vert!
jehm luh vehr
I like green!

A. Copiez les mots.

Copy the words.

le bleu blue

_____

luh bluh

le rouge red

_____

luh rooj

le jaune yellow

_____

luh johwn

le vert green

_____

luh vehr

l'orange orange

_____

loh·raanj

le violet purple

_____

luh vee·oh·leh

le rose pink

_____

luh rohz

le brun brown

_____

luh bruhn

le gris grey

_____

luh gree

le noir black

_____

luh nwahr

le blanc white

_____

luh blaan

le bleu pâle light blue

_____

luh bluh pahl

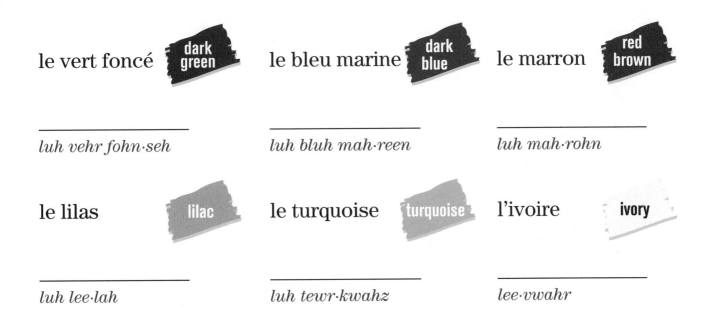

le vert foncé **dark green**

luh vehr fohn·seh

le bleu marine **dark blue**

luh bluh mah·reen

le marron **red brown**

luh mah·rohn

le lilas **lilac**

luh lee·lah

le turquoise **turquoise**

luh tewr·kwahz

l'ivoire **ivory**

lee·vwahr

B. Quelle couleur obtient-on lorsqu'on mélange chaque paire de couleurs?
What colour do we get by mixing each pair of colours?

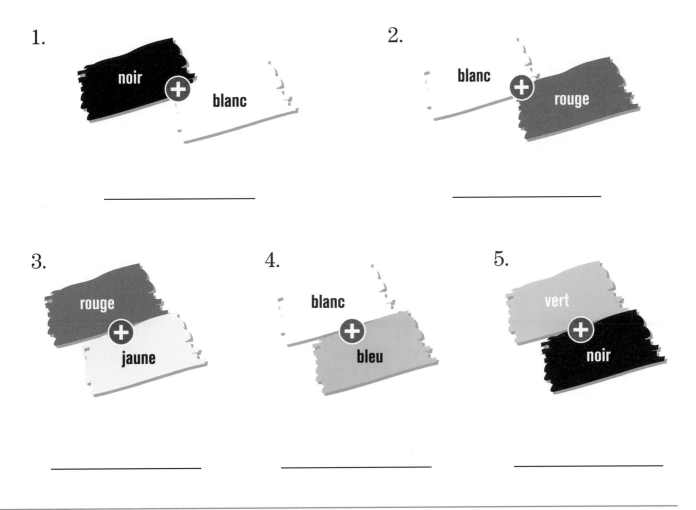

1. noir + blanc

_____

2. blanc + rouge

_____

3. rouge + jaune

_____

4. blanc + bleu

_____

5. vert + noir

_____

C. Coloriez l'arc-en-ciel avec les couleurs indiquées.
Colour the rainbow with the indicated colours.

rouge

orange

jaune

vert

bleu

violet

D. Reliez chaque mot anglais au bon mot français.
Link each English word to the correct French word.

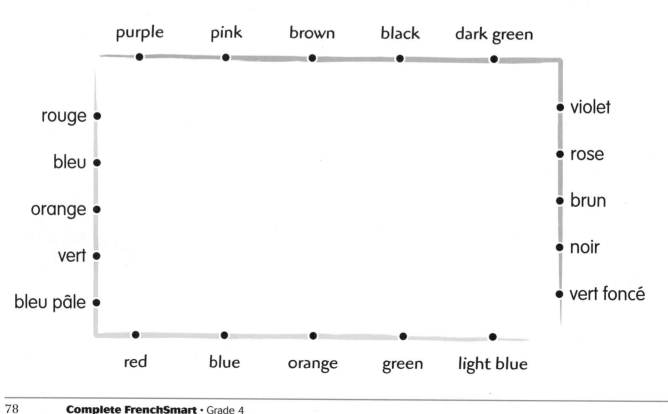

purple   pink   brown   black   dark green

rouge

bleu

orange

vert

bleu pâle

violet

rose

brun

noir

vert foncé

red   blue   orange   green   light blue

E. Écrivez la couleur de chaque objet.
Write the colour of each object.

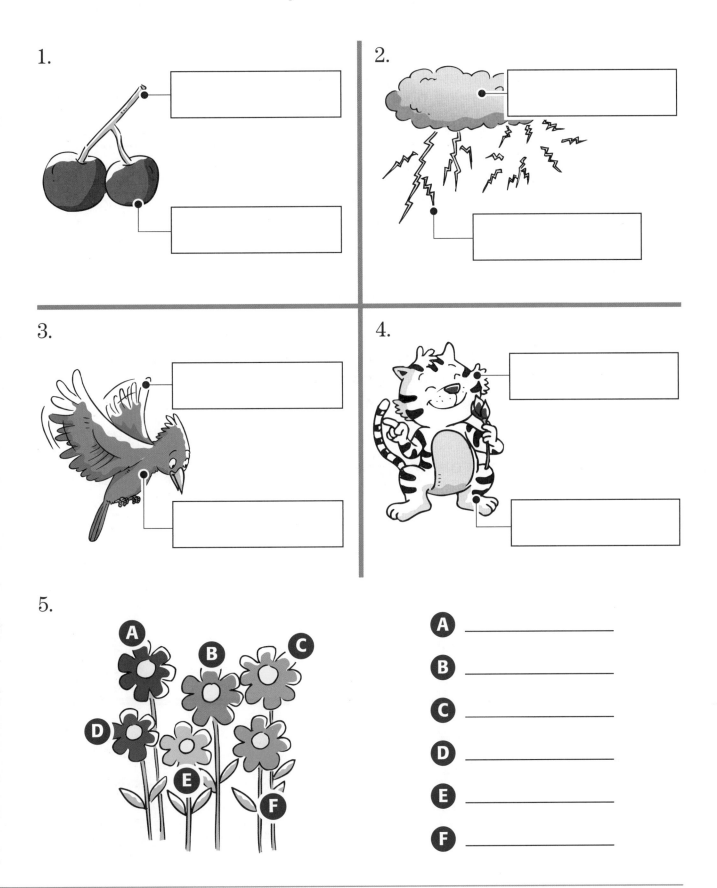

1.

2.

3.

4.

5.

A _____

B _____

C _____

D _____

E _____

F _____

Colour Adjectives

French adjectives must agree in number and gender with the nouns they describe. Colour words can be used as adjectives. They are placed after the nouns they are describing.

"Orange", "marron" and two-word colour adjectives (bleu pâle, vert foncé, etc.) are exceptions that never change form.

Masculine	Singular	bleu	vert	violet	blanc	rouge	orange
	Plural	bleus	verts	violets	blancs	rouges	orange
Feminine	Singular	bleue	verte	violette	blanche	rouge	orange
	Plural	bleues	vertes	violettes	blanches	rouges	orange

F. **Complétez les phrases avec la bonne forme du verbe « avoir » et la bonne forme des adjectifs de couleurs.**

Complete the sentences with the correct form of the verb "avoir" and colour adjectives.

e.g.   **J'ai des crayons rouges.**

1. Tu _____ .

2. Il _____ .

3. Alice _____ .

4. Elles _____ .

5. J'_____ .

Expressions

En anglais :
In English

"I like..."

"I don't like..."

En français :
In French

« J'aime... » *jehm*

« Je n'aime pas... » *juh nehm pah*

J'aime le rouge!
jehm luh rooj
I like red!

G. **Écrivez les expressions « J'aime... » et « Je n'aime pas... » avec les couleurs données.**

Write the expressions "J'aime..." and "Je n'aime pas..." with the given colours.

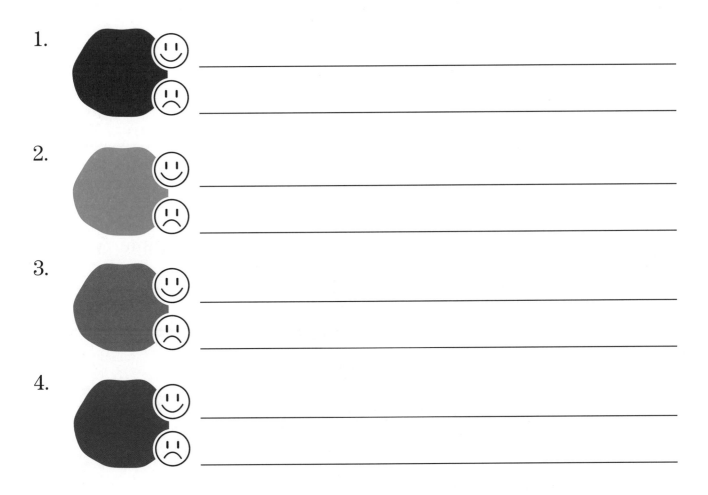

1.

2.

3.

4.

Les saisons

The Seasons

Vocabulary: The seasons

Expressions: « Quand est-ce qu'on voit...? »
"When do we see...?"

Quand est-ce qu'on voit les fleurs?
kaan ehs kohn vwah leh fluhr

When do we see flowers?

Au printemps!
oh preuhn·taam

In spring!

A. Copiez les mots.
Copy the words.

L'hiver *Winter*

_____
lee·vehr

le bonhomme de neige

_____
luh bohn·ohm duh nehj

la neige

_____
lah nehj

la pelle

_____
lah pehl

Le printemps *Spring*

_____
luh preuhn·taam

le parapluie

_____
luh pah·rah·plwee

la pluie

_____
lah plwee

la fleur

_____
lah fluhr

L'été *Summer*

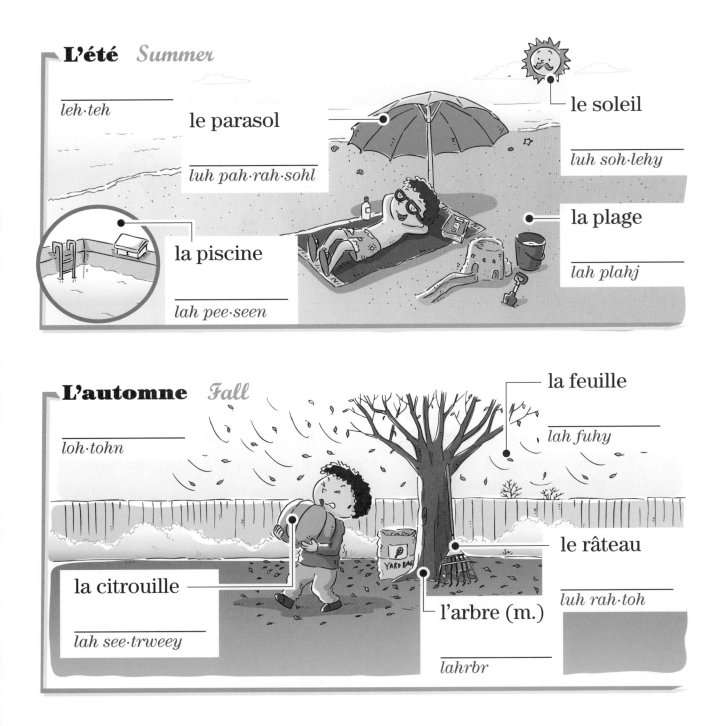

_____ leh·teh

le parasol
_____ luh pah·rah·sohl

le soleil
_____ luh soh·lehy

la plage
_____ lah plahj

la piscine
_____ lah pee·seen

L'automne *Fall*

_____ loh·tohn

la feuille
_____ lah fuhy

le râteau
_____ luh rah·toh

la citrouille
_____ lah see·trweey

l'arbre (m.)
_____ lahrbr

B. **Écrivez la saison que vous aimez et celle que vous n'aimez pas.**
Write the season you like and the one you do not like.

J'aime _____ .   Je n'aime pas _____ .

C. **Écrivez le nom de chaque saison en utilisant l'expression « C'est… ».**
Write the name of each season using the expression "C'est…".

1.

C'est _____ .

2.

_____

3.

_____

4.

_____

D. **Écrivez le nom et la couleur de chaque objet par une phrase complète. Ensuite écrivez le nom de la saison correspondante.**
Write the name and the colour of each object using a complete sentence. Then give the corresponding season.

e.g. _Le parapluie est rouge._

La saison : _le printemps_

1.

_____

La saison : _____

2.

_____

La saison : _____

3.

_____

La saison : _____

4.

_____

La saison : _____

5.

_____

La saison : _____

E. **Dessinez les objets indiqués. Ensuite écrivez le nom de chaque saison.**

Draw the indicated objects. Then write the name of each season.

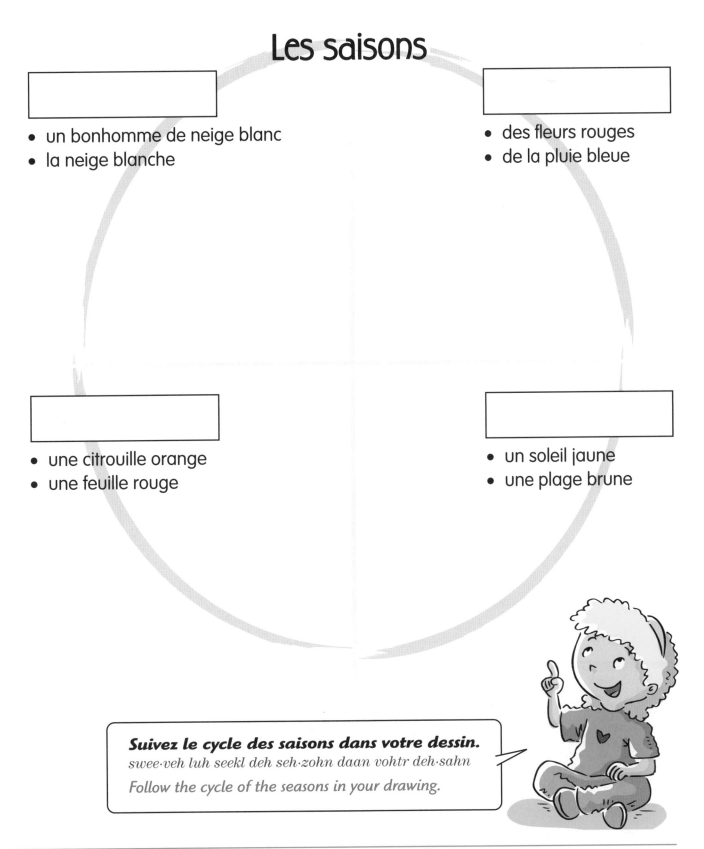

Les saisons

- un bonhomme de neige blanc
- la neige blanche

- des fleurs rouges
- de la pluie bleue

- une citrouille orange
- une feuille rouge

- un soleil jaune
- une plage brune

Suivez le cycle des saisons dans votre dessin.
swee·veh luh seekl deh seh·zohn daan vohtr deh·sahn
Follow the cycle of the seasons in your drawing.

F. **Encerclez tout ce qui correspond à la saison indiquée.**
Circle the objects or words that correspond with the season indicated.

1. L'hiver

la pluie   la neige

le soleil   la plage

le bonhomme de neige

2. Le printemps

la feuille   la fleur

la pelle   le râteau

la neige   la piscine

3. L'été

la neige   la plage

la fleur   le soleil

le râteau   la pluie

4. L'automne

la feuille   la neige

la citrouille   la piscine

le parasol   la pluie

Expressions

| En anglais :
In English
"When do we see...?" | En français :
In French
« Quand est-ce qu'on voit...? »
kaan ehs·kohn vwah... |

> **Quand est-ce qu'on voit les fleurs?**
> *kaan ehs kohn vwah leh fluhr*
> *When do we see flowers?*

G. **Choisissez la bonne réponse à chaque question de la boîte ci-dessous.**
Choose the correct answer to each question from the box below.

1. Quand est-ce qu'on voit la citrouille?

   _____

   - **en** hiver
   - **au** printemps
   - **en** été
   - **en** automne

2. Quand est-ce qu'on voit la neige?

   _____

3. Quand est-ce qu'on voit les fleurs?

   _____

4. **Quand est-ce qu'on voit le soleil?**

   _____

Le temps

The Weather

Vocabulary: Words related to the weather

Expressions: « Quel temps fait-il? » "What's the weather like?"

« Il fait... » "It's..."

Quel temps fait-il?
kehl taam feh·teel
What's the weather like?

Il fait froid.
eel feh frwah
It's cold.

A. Copiez les mots.
Copy the words.

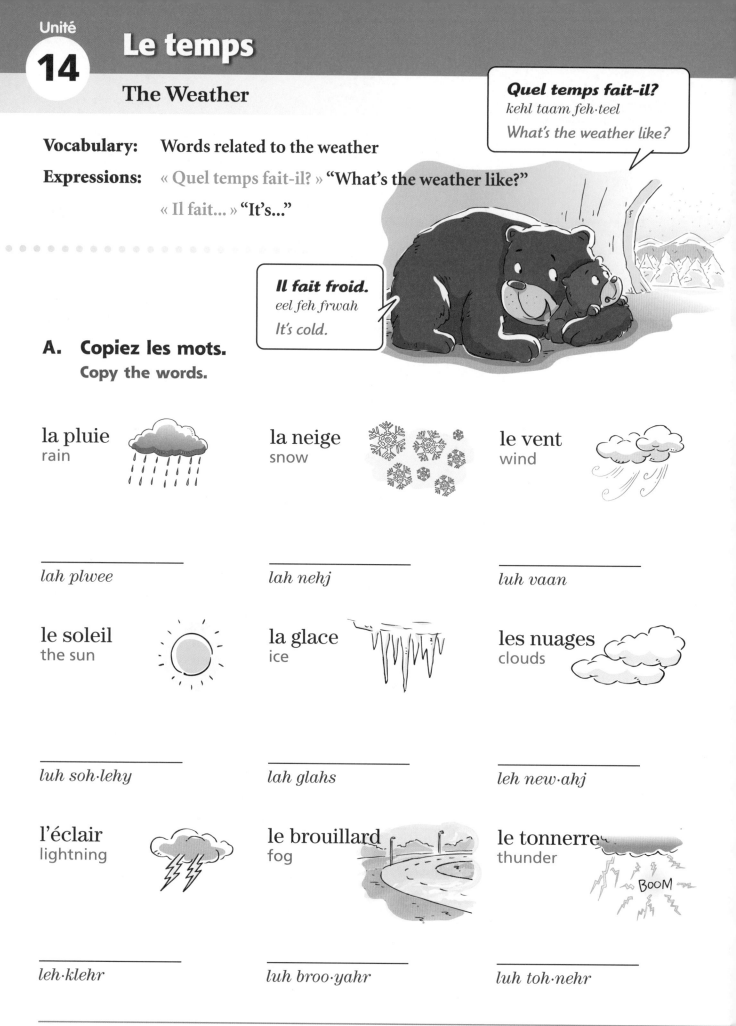

la pluie
rain

_____

lah plwee

la neige
snow

_____

lah nehj

le vent
wind

_____

luh vaan

le soleil
the sun

_____

luh soh·lehy

la glace
ice

_____

lah glahs

les nuages
clouds

_____

leh new·ahj

l'éclair
lightning

_____

leh·klehr

le brouillard
fog

_____

luh broo·yahr

le tonnerre
thunder

_____

luh toh·nehr

Il pleut.
It's rainy.

_____

eel pluh

Il neige.
It's snowy.

_____

eel nehj

Il y a du vent.
It's windy.

_____

eel ee yah dew vaan

Il fait beau.   It's nice.

_____

eel feh boh

Il fait mauvais.   It's bad.

_____

eel feh moh·veh

Il fait frais.   It's cool.

_____

eel feh freh

Il fait chaud.   It's hot.

_____

eel feh shoh

Il fait froid.   It's cold.

_____

eel feh frwah

Il y a du soleil.
It's sunny.

_____

eel ee yah dew soh·lehy

Il y a des nuages.
It's cloudy.

_____

eel ee yah deh new·ahj

Il y a de l'orage.
It's stormy.

_____

eel ee yah duh loh·rahj

Il y a du brouillard.
It's foggy.

_____

eel ee yah dew broo·yahr

B.   Complétez la phrase avec l'une des expressions ci-dessus.
Complete the sentence with one of the above expressions.

Aujourd'hui, il _____

_____

Il gèle!
eel jehl
It's freezing!

C. **Écrivez les mots en français. Trouvez les mots cachés dans la grille.**
Write the words in French. Find them in the word search.

1. storm

_____

2. nice

_____

3. snow

_____

4. thunder

_____

5. ice

_____

6. wind

_____

7. sun

_____

8. lightning

_____

9. cool

_____

10. fog

_____

11. rain

_____

12. clouds

_____

							x				ô
					i	a	b				k
		p	l	u	i	e					m
	a	s	é	o	l	g	r	v	c	n	o
t	u	t	h	f	g	f	n	e	i	g	e	r
a	b	r	o	u	i	l	l	a	r	d	w	o	u	a
s	o	f	d	n	h	i	a	n	u	a	g	e	s	g
o	a	b	s	l	n	y	c	r	f	n	i	a	o	e
l	w	e	è	b	b	e	e	d	e	g	m	s	è	f
e	s	a	k	r	a	c	r	a	v	e	n	t	è	d
i	f	u	é	c	l	a	i	r	v	t	v	o	p	s
l	o	x	n	u	d	x	f	g	e	d	i	k	w	h

D. Complétez les phrases à l'aide des images.

Complete the sentences with the help of the pictures.

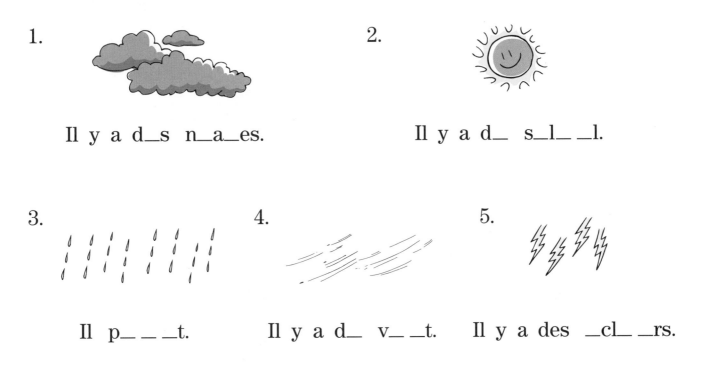

1.

Il y a d_s n_a_es.

2.

Il y a d_ s_l_ _l.

3.

Il p_ _ _t.

4.

Il y a d_ v_ _t.

5.

Il y a des _cl_ _rs.

E. Encerclez le temps qui correspond au mois indiqué.

Circle the weather that matches the given month.

En janvier, il fait   chaud / froid .

1.   En août, il y a **du soleil / de l'orage**   .

2.   En octobre, **il fait chaud / il y a du vent**   .

3.   En novembre, il y a **des nuages / du soleil**   .

4.   En février, il **neige / fait beau**   .

5.   En mai, il **pleut / gèle**   .

Expressions

Il fait mauvais!

En anglais :
In English

Question:
"What's the weather like?"
Answer:
"It's..."

En français :
In French

Question :
« Quel temps fait-il? »
kehl taam feh·teel

Réponse :
« Il fait... »
eel feh

F. **Mettez les mots dans le bon ordre. Ensuite traduisez l'expression en anglais.**

Put the words in the correct order. Then translate the expression into English.

1. il / Quel / fait / - / temps / ?

   _____

   En anglais : _____

2. fait / chaud. / Il

   _____

   En anglais : _____

3. des / Il / a / nuages. / y

   _____

   En anglais : _____

4. frais. / Il / fait

   _____

   En anglais : _____

G. Répondez à la question pour chacune des images.
Answer the question about each picture.

Quel temps fait-il?

A _____   B _____

C _____   D _____

E _____   F _____

Les vêtements

Clothing

Vocabulary: Words for articles of clothing

Expressions: « Je porte... » "I'm wearing..."

> **Je porte un chapeau.**
> *juh pohrt euhn shah·poh*
> *I'm wearing a hat.*

A. Copiez les mots.

Copy the words.

la blouse

_____
lah blooz

la jupe

_____
lah jewp

le pantalon

_____
luh paan·tah·lohn

le tee-shirt

_____
luh tee·shirt

le short

_____
luh shohrt

Les vêtements
clothes

_____
leh veht·maan

le chandail

_____
luh shaan·dahy

la chemise

_____
lah shuh·meez

le jean

_____
luh jeen

la robe

_____
lah rohb

les sous-vêtements
underwear

_____

leh soo·veht·maan

les chaussettes
socks

_____

leh shoh·seht

le maillot de bain
bathing suit

_____

luh mah·yoh duh·bahn

la tuque
tuque

_____

lah tewk

le manteau
coat

_____

luh mahn·toh

les mitaines
mittens

_____

leh mee·tehn

le chapeau
hat

_____

luh shah·poh

les gants
gloves

_____

leh gaan

le pantalon de neige
snowpants

_____

luh paan·tah·lohn duh nehj

les chaussures
shoes

_____

leh shoh·sewr

les sandales
sandals

_____

leh saan·dahl

les bottes
boots

_____

leh boht

B. **Écrivez le nom de chaque vêtement.**
Write the name of each article of clothing.

Les vêtements

A _____

B _____

C _____

D _____

E _____

F _____

G _____

H _____

I _____

J _____

K _____

L _____

C. Écrivez trois vêtements dont chaque enfant a besoin.

Write three articles of clothing each child needs.

1.

_____

_____

_____

2.

_____

_____

_____

3.

_____

_____

_____

4.

_____

_____

_____

D. Écrivez quatre vêtements que vous portez en ce moment.

Write four articles of clothing you are wearing right now.

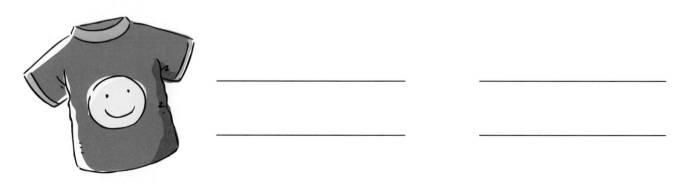

_____   _____

_____   _____

E. Mettez les lettres dans le bon ordre. Ensuite faites les mots croisés.

Put the letters in the correct order. Then fill in the crossword puzzle.

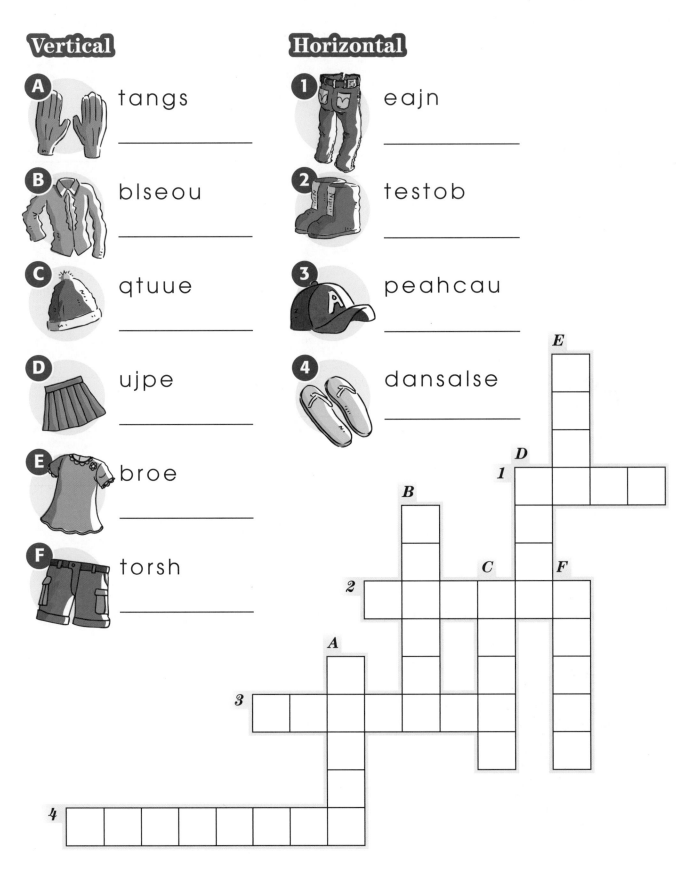

Vertical

A tangs

_____

B blseou

_____

C qtuue

_____

D ujpe

_____

E broe

_____

F torsh

_____

Horizontal

1 eajn

_____

2 testob

_____

3 peahcau

_____

4 dansalse

_____

Expressions

Je porte un chandail.

En anglais : In English	En français : In French
"I am wearing..." "You are wearing..." "He/She is wearing..."	« Je porte... » *juh pohrt* « Tu porte**s**... » *tew pohrt* « Il/Elle porte... » *eel/ehl pohrt*

F. **Complétez chaque phrase avec « porte / portes » et le bon vêtement. Ensuite traduisez la phrase en anglais.**

Complete each sentence using "porte/portes" and the correct article of clothing. Then translate the sentence into English.

1. Je porte _____ .

   En anglais : _____

2. Tu _____ .

   En anglais : _____

3. Elle _____ .

   En anglais : _____

4. Marcel _____ .

   En anglais : _____

5. Je _____ .

   En anglais : _____

La nourriture et les repas

Food and Meals

Vocabulary: Words related to food

Expressions: « Je mange... » "I'm eating..."

> **Je mange de la crème glacée!**
> *juh maanj duh lah krehm glah·seh*
> *I'm eating ice cream!*

A. Copiez les mots.
Copy the words.

Les fruits
Fruits

_____
leh frwee

- **une pomme**
  an apple

_____
ewn pohm

- **une banane**
  a banana

_____
ewn bah·nahn

- **une orange**
  an orange

_____
ewn oh·raanj

Les céréales
Grains

_____
leh seh·reh·ahl

- **le pain**
  bread

_____
luh pahn

- **les pâtes**
  pasta

_____
leh paht

- **l'avoine**
  oat

_____
lah·vwahn

La viande
Meat

_____
lah vyaand

- **le poulet**
  chicken

_____
luh poo·leh

- **le bœuf**
  beef

_____
luh buhf

- **le poisson**
  fish

_____
luh pwah·sohn

Les produits laitiers
Milk Products

leh proh·dwee leh·tyeh

- ## le lait milk

  luh leh

- ## le yogourt yogourt

  luh yoh·goor

- ## le beurre butter

  luh buhr

Les légumes
Vegetables

leh leh·gewm

- ## la tomate tomato

  lah toh·maht

- ## la laitue lettuce

  lah leh·tew

- ## le céleri celery

  luh sehl·ree

Les repas
Meals

leh ruh·pah

- ## le déjeuner breakfast

  luh deh·juh·neh

- ## le dîner lunch

  luh dee·neh

- ## le souper dinner

  luh soo·peh

Le dessert
Dessert

luh deh·sehr

- ## la crème glacée ice cream

  lah krehm glah·seh

- ## le biscuit cookie

  luh bees·kwee

- ## le gâteau cake

  luh gah·toh

B. **Encerclez le groupe auquel chaque aliment appartient.**
Circle the group to which each food item belongs.

1.

   les fruits

   les céréales

   les légumes

2.

   le dessert

   le déjeuner

   les légumes

3.

   le dessert

   la viande

   les fruits

4.

   les céréales

   les produits laitiers

   les repas

5.

   les repas

   les céréales

   les fruits

6.

   les légumes

   les fruits

   les céréales

C. **Dessinez un aliment qui appartient à chaque groupe alimentaire.**
Draw a food item that belongs to each food group.

┌─ Un produit laitier ─────┐

└──────────────────────────┘

┌─ Un fruit ───────────────┐

└──────────────────────────┘

D. **Décrivez l'image en donnant le group auquel chaque nourriture appartient. Utilisez le verbe « être ».**

Describe each picture by giving the group to which each item belongs. Use the verb "être".

1.

2.

e.g. *Le déjeuner est le repas du matin.*

3.

4.

5.

6.

7.

8.

Expressions

> **Je mange des biscuits.**
> *juh maanj deh bees·kwee*
> *I'm eating cookies.*

En anglais :
In English

"I am eating..."

"You are eating..."

"He/She is eating..."

En français :
In French

« Je mange... » *juh maanj...*

« Tu mange**s**... » *tew maanj...*

« Il/Elle mange... » *eel/ehl maanj...*

E. **Complétez les phrases à l'aide des images. Ensuite traduisez-les en anglais.**

Complete the sentences with the help of the pictures. Then translate them into English.

1. Il mange _____ .

   En anglais : _____

2. Tu _____ .

   En anglais : _____

3. Elle _____ .

   En anglais : _____

4. Marcel _____ .

   En anglais : _____

5. Je _____ .

   En anglais : _____

F. **Écrivez trois aliments que vous mangez à chaque repas, en utilisant l'expression « Je mange... ».**

Write three things that you usually have for each meal using the expression "Je mange...".

Les repas

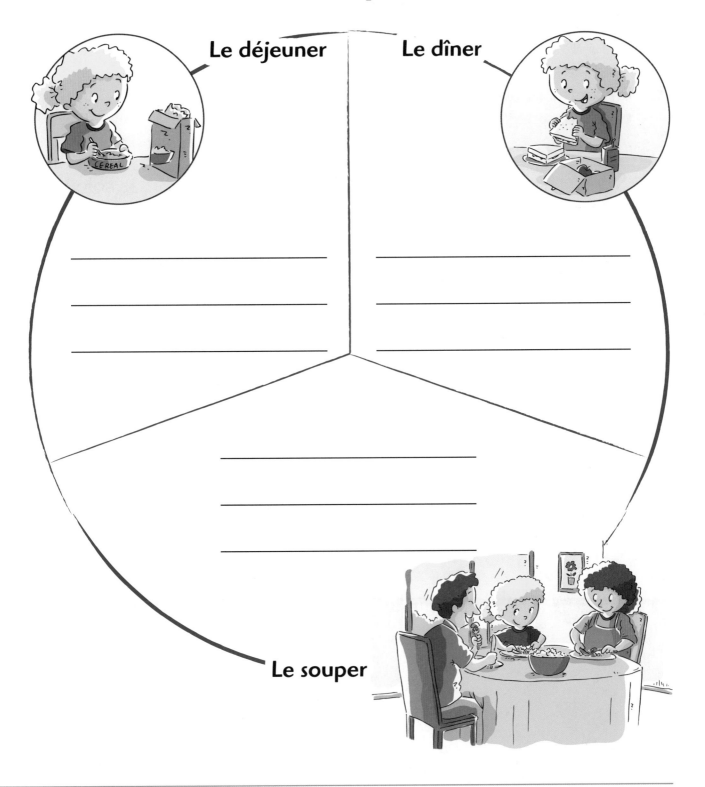

Le déjeuner

Le dîner

Le souper

La révision 2

La révision
- Les pronoms personnels sujets
- Les verbes « avoir » et « être »
- Chez moi
- Les animaux domestiques
- Les couleurs
- Les saisons et le temps
- Les vêtements
- La nourriture et les repas

A. Encerclez la bonne réponse.
Circle the correct answer.

1.   A. un oreiller   B. un lit   C. le soleil

2.   A. un fauteuil   B. la glace   C. le vent

3.   A. une tortue   B. un lapin   C. l'hiver

4.   A. une feuille   B. la neige   C. une pomme

5.   A. un légume   B. le pain   C. une fleur

6.   A. une laitue   B. un tee-shirt   C. un poulet

7.

    A. la cuisine   B. la buanderie

    C. la fenêtre   D. la salle de bain

8.

    A. une banane   B. le printemps

    C. l'hiver   D. une jupe

9.

    A. les fruits   B. les céréales

    C. les légumes   D. la viande

10.

    A. un pantalon blanc

    B. une jupe blanche

    C. une jupe blanc

11.

    A. une crème glacée

    B. un yogourt

    C. le lait

12.

    A. la neige

    B. le soleil

    C. les nuages

13.

    A. une chaise

    B. un canapé

    C. un fauteuil

14.

    A. une grenouille

    B. un lézard

    C. une tortue

15.

    A. un lit

    B. une baignoire

    C. une toilette

B. Remplissez les tirets pour écrire le nom des objets.

Fill in the blanks to write the names of the objects.

A l__ n__ __ge **B** l__ b__nh__m__ __ de __ei__e

C l'__c__ai__ **D** l__ t__nn__r__e **E** __n __h__t

F une b__ __gn__ire **G** un__ __am__e **H** __n ch__ __ __ __

I u__ p__ __ss__n **J** u__ __âte__ __ **K** d__s fe__il__es

L __n ois__ __ __ __ **M** l__ d__j__ __ne__

N un b__s__ui__ **O** l__ l__ __t

C. Mettez les lettres dans les bons cercles.

Put the letters in the correct circles.

you (sg.) are ◯

the living room ◯

a shower ◯

she is ◯

ice ◯

summer ◯

beef ◯

a guinea pig ◯

I have ◯

a rabbit ◯

chicken ◯

a dress ◯

a snake ◯

A le bœuf

B la glace

C un cochon d'Inde

D une douche

E tu es

F une robe

G un lapin

H elle est

I l'été

J le poulet

K le salon

L un serpent

M j'ai

D. Écrivez la bonne lettre dans le cercle.

Write the correct letter in the circle.

1. Où est le lit?

2. Mon animal préféré est la tortue.

3. J'aime les oiseaux orange.

4. Quand est-ce qu'on voit la neige?

5. Elle porte un chapeau bleu.

A

B

C

6. Quel temps fait-il en octobre?

A

B

C

7. Je mange des pâtes.

A

B

C

8. J'ai une grenouille.

A

B

C

Complete FrenchSmart • Grade 4

L'heure du conte

Complete FrenchSmart • Grade 4

Kinta le bébé kangourou

Personnages

Mère   **Kinta**   **Frère**

Salut! Je m'appelle Kinta, et je suis un bébé kangourou. **Quand** j'étais petit, je restais dans la poche ventrale de ma mère.

Réponses courtes

1. Comment s'appelle le bébé kangourou?

2. Où est Kinta?

À l'âge de neuf mois, je pouvais sortir de la **poche** de ma mère et jouer **dehors**.

Bonjour Kinta!

Mais je retournais quand j'avais peur.

Quand est-ce que tu veux jouer dehors?
When do you want to play outside?

Maintenant!
Now!

Nouveaux mots
New Words

quand : when
la poche : pouch
dehors : outside

J'habite **avec** ma mère, mon père et les autres kangourous.

J'adore jouer avec mes **amis**.

Réponses courtes

1. Qui habite avec Kinta?

2. Qu'est-ce que les autres kangourous font?

Mes amis et moi pouvons sauter **haut** et **vite**.

Faisons la course, Kinta!

Nous sommes des amis.
We are friends.

Nouveaux mots
New Words

avec : with   un ami : friend

haut : high   vite : fast

Nous, les kangourous, utilisons nos pattes arrière pour **sauter**. Nous avons aussi une queue puissante.

1

Réponses courtes

1. Qu'est-ce que les kangourous utilisent pour sauter?

2. Est-ce que les kangourous sont capables de sauter en arrière?

Montre-moi comment tu sautes!

Petit poisson, nous **pouvons** sauter en avant mais pas en arrière.

Elle saute. Je peux sauter aussi!

She jumps. I can jump too!

Nouveaux verbes
New Verbs

sauter : to jump

pouvoir : to be able to

Nous aimons **nager** quand nous sommes près de l'eau.

Nager est amusant!

Réponses courtes

1. Est-ce que les kangourous aiment nager?

2. Pourquoi est-ce que les kangourous mangent seulement la nuit?

Nous ne mangeons pas pendant la **journée**. Nous mangeons pendant la nuit quand il fait frais.

Nous aimons **manger** de l'herbe et des feuilles.

J'aime manger.
I like to eat.

Prononciation
Pronunciation

Le son [zh]

*na**g**er*
to swim

journée
day

*man**g**er*
to eat

Un jour, j'ai trouvé un petit kangourou dans la poche de ma mère. Il était petit et **si mignon**.

Réponses courtes

1. Qu'est-ce qu'il y a dans la poche de la mère?

2. Pourquoi est-ce que Kinta paraît heureux?

C'était mon nouveau petit frère.

C'est génial! J'ai un frère maintenant!

Mon chat s'appelle Charlie. Il est si mignon!
My cat's name is Charlie. He is so cute!

Nouvelles expressions
New Expressions

Tu as un chat. C'est génial!
You have a cat. That's great!

J'enseigne à mon frère comment tourner sur sa **queue** et danser!

1

Réponses courtes

1. Comment est-ce que Kinta danse?

2. Qu'est-ce que les kangourous vont être?

Nous allons être les **meilleurs danseurs**!

Excellent travail, les garçons!

Prononciation
Pronunciation

Le son [euh]

queue
tail

meilleurs
best

danseurs
dancers

les danseurs

Est-ce que tu te rappelles?

Remplis les espaces avec le vocabulaire de l'histoire.
Fill in the blanks with vocabulary from the story.

1. Kinta se sent en sécurité dans la p_____ de sa mère.

2. Quand les kangourous sont près de l'eau, ils aiment
    n_____ .

3. Les kangourous mangent de l'_____ et des
    f_____ .

4. Le frère de Kinta est petit et m_____ .

5 J'aime jouer d_____ avec mes amis.

Conjuguons ensemble

Complète les conjugaisons. Ensuite remplis les espaces avec la bonne conjugaison en utilisant « habiter » ou « manger ».

Complete the conjugations. Then fill in the blanks with the correct conjugation using "to live" or "to eat".

	Habiter to live	**Manger** to eat
je/j'	habit**e**	mang__
tu	habit**es**	mang___
il	habit**e**	mang__
elle	habit**e**	mang__
nous	habit**ons**	mang**e**___
vous	habit**ez**	mang___
ils	habit**ent**	mang___
elles	habit**ent**	mang___

Remember

nous we	☺ + ☺ I ☺
vous you (pl.)	☺ + ☺ you ☺
ils they (m.)	
elles they (f.)	

1. Les kangourous disent : « Nous _____ de l'herbe. »

2. Les kangourous _____ tous ensemble.

3. Les kangourous _____ pendant la nuit quand il fait frais.

4. Kinta _____ avec sa mère, son père et les autres kangourous.

À l'écrit

Utilise les mots dans l'image pour compléter le poème.
Use the words in the picture to complete the poem.

Kinta _____ de

_____ et _____

Pendant _____

Quand il fait frais.

Miam-miam!

la nuit

des feuilles

mange

l'herbe

Corrige les erreurs

Encercle et corrige l'erreur dans chaque phrase.
Circle and correct the error in each sentence.

1. Kinta habiter avec sa mère.

2. Les kangourous utilisent la tête pour sauter.

3. Les kangourous mangent des animaux.

4. Les kangourous vont être les meilleurs danseur.

5. Kinta enseigne à son père comment danser.

Résumé de l'histoire

Forme les phrases pour compléter le résumé de l'histoire.
Form the sentences to complete the summary of the story.

1

Kinta habite
avec   sa mère
et   son frère

2

peut   et
Kinta   haut
sauter   vite

3

Les kangourous
une queue
ont   puissante

1. **Kinta** _____

2. _____

3. _____

4. aiment / nager / **Les kangourous** /
   l'eau / dans

_____

_____

Doudou le bébé dauphin

Personnages

Père　　　　**Mère**　　　　**Doudou**

Salut mon ami! Je m'appelle Doudou et je suis un bébé dauphin. Nous habitons dans la **mer**.

La mer est notre maison. J'habite ici avec ma mère et mon père.

Réponses courtes

1. **Où habite Doudou?**

2. **Comment est-ce qu'il respire?**

J'ai un trou sur la tête pour respirer, comme ma mère et mon père. Le trou est comme un nez mais je ne peux pas sentir.

ma tête et mon nez
my head and my nose

Nouveaux mots
New Words

la mer : sea   le trou : hole

la tête : head   le nez : nose

J'aime manger du poisson, c'est mon préféré.

Ma mère mange des animaux de la mer mais je me nourris de son lait jusqu'à l'âge d'un an et demi. Quand je grandis, je vais avoir entre 80 et 100 dents en total!

Réponses courtes

1. Que mange la mère de Doudou?

2. Que font Doudou et sa mère toute la journée?

Ma mère va me **montrer** comment **attraper** les poissons. Ma mère et moi, nous **chassons** les poissons ensemble toute la journée. Pour attraper la nourriture, nous chassons en groupe.

Nouveaux verbes
New Verbs

montrer : to show
attraper : to catch
chasser : to chase

Je te chasse!
I'm chasing you!

Attrape-moi!
Catch me!

Salut Doudou!
Comment ça va?

Nous habitons avec d'autres **dauphins**. Les autres dauphins sont très gentils. J'ai beaucoup d'amis.

Réponses courtes

1. Est-ce qu'il y a d'autres dauphins qui habitent dans la mer?

2. Qu'est-ce que les autres dauphins aiment faire?

Nous adorons jouer et éclabousser dans l'**eau**. J'adore sauter en l'air, très **haut**.

Ouah! Tu sautes tellement haut! Encore, encore! Comme c'est beau!

Prononciation
Pronunciation

Le son [o]

<u>dau</u>phins   <u>eau</u>   h<u>au</u>t   b<u>eau</u>

dolphins   water   high   beautiful

l'eau

Nous avons notre propre langue. La langue est très facile parce que mon père m'enseigne.

Réponses courtes

1. Est-ce que les dauphins parlent le français?

2. Comment est-ce que Doudou peut appeler au secours?

Au secours!

Mon père m'enseigne comment **parler**, comment **siffler** et comment faire des clics. Je **dois apprendre** ça si j'ai besoin d'appeler au secours.

Je parle bien le français mais tu parles très bien le français.
I speak French well but you speak French very well.

Merci!
Thank you!

Nouveaux verbes
New Verbs

parler : to speak   *siffler : to whistle*
devoir : to have to   *apprendre : to learn*

Un jour, je vois quelque chose étrange. Je nage un peu plus près. **Il y a** beaucoup d'animaux de la mer **tous ensemble**. **C'est très beau**.

> Ouah! Qu'est-ce que c'est?

Réponses courtes

1. Qu'est-ce que Doudou fait quand il voit quelque chose étrange?

2. Quels sont les animaux de la mer attrapés dans le filet?

Ma mère m'arrête au bon moment. Les animaux de la mer sont tous attrapés dans un grand filet. Il y a des petits poissons et des grands poissons tous ensemble. Il y a même une pieuvre et un crabe dans le filet. Je suis très triste.

Ils sont tous attrapés.

Nouvelles expressions
New Expressions

il y a : *there is/are*

tous ensemble : *all together*

C'est très beau! : *It's very beautiful!*

C'est très beau!
It's very beautiful!

Maintenant, je reste **toujours** près de ma mère pour la sécurité. J'aime rester avec ma famille et mes amis.

Réponses courtes

1. Pourquoi est-ce que Doudou reste près de sa mère?

2. Qu'est-ce que Doudou montre à ses amis spéciaux?

Maman, sautons ensemble!

Quelquefois, nos amis spéciaux viennent nous visiter.
Je montre à mes amis comment sauter.

Nouveaux mots
New Words

maintenant : now
toujours : always
quelquefois : sometimes

Je mange toujours.
I always eat.

Est-ce que tu te rappelles?

Complète le paragraphe avec les mots donnés.
Complete the paragraph with the given words.

attraper	siffler
tête	habite
enseigne	respire

J'aime bien ma vie de dauphin. J'1._____ dans la

mer avec mes parents. Je 2._____ par le trou sur ma

3._____ . Ma mère me montre comment 4._____ des

poissons. Mon père m'5._____ comment 6._____ et

faire des clics.

Mots cachés

Encercle les mots dans les mots cachés.

Circle the words in the word search.

w	m	u	l	d	e	f	j	l	s	d	m	k	o
c	b	t	r	o	u	t	m	b	e	m	o	e	j
h	r	i	d	h	t	w	f	i	c	a	n	v	r
a	l	d	a	u	p	h	i	n	l	t	e	n	d
s	e	e	t	v	o	d	x	q	s	t	o	t	s
s	i	c	m	b	i	h	k	e	e	r	s	h	i
e	t	g	w	a	s	e	t	g	y	a	m	r	f
r	q	k	d	t	s	f	e	s	m	p	u	w	f
b	w	z	r	q	o	u	o	l	n	e	g	o	l
a	p	p	r	e	n	d	r	e	d	r	q	a	e
a	x	i	o	y	k	n	b	b	u	c	c	m	r

mer

apprendre

siffler

eau

trou

dauphin

chasser

poisson

attraper

Conjuguons ensemble

Complète les conjugaisons. Ensuite remplis les espaces avec la bonne conjugaison en utilisant « parler » ou « devoir ».

Complete the conjugations. Then fill in the blanks with the correct conjugation using "to speak, to talk" or "to have to".

Parler
to speak, to talk

Fill in the blanks with "e" or "es".

je	parl__
tu	parl____
il	parl__
elle	parl__
nous	parlons
vous	parlez
ils	parlent
elles	parlent

Devoir
to have to

Fill in the blanks with "ons", "ez", or "ent".

je	dois
tu	dois
il	doit
elle	doit
nous	dev____
vous	dev___
ils	doiv____
elles	doiv____

1. _____
  he has to

2. _____
  they speak
  (all boys)

3. _____
  she talks

4. _____
  I have to

5. _____
  you talk

6. _____
  we have to

7. _____
  they have to
  (all girls)

8. _____
  they talk
  (James and Sally)

Conjuguons ensemble

Remplis les espaces à l'aide du tableau sur la page de gauche.

Fill in the blanks with the help of the table on the left page.

1. Doudou _____ avec sa mère.

2. Ils _____ de leur vie dans la mer.

3. Doudou _____ apprendre comment respirer et faire des clics.

4. Doudou dit : « Nous _____ respirer par un trou sur la tête. »

5. Doudou explique : « Mes parents et moi, nous _____ aux autres dauphins dans la mer. »

6. Doudou dit : « Je _____ apprendre comment parler notre propre langue. »

7 _____

Est-ce qu'il _____ à ses amis spéciaux?

Résumé de l'histoire

Forme les phrases pour compléter le résumé de l'histoire.
Form the sentences to complete the summary of the story.

1

avec   la mer

dans   ma famille

habite   **J'**

2

le trou   **Je**

respire   sur

ma tête   par

3

Je   très   en

peux   sauter

haut   l'air

4

comment   t'

parler   enseigne

Ton père

1. _____

_____

2. _____

3. _____

4 _____

_____

Tembo le bébé éléphant

Personnages

Mère　　　**Tembo**　　　**Ollie**

3

Salut mes amis! Je m'appelle Tembo et je suis un tout petit bébé éléphant. J'habite en **Afrique** avec ma mère, mes **sœurs** et mes **tantes**. J'aime beaucoup ma famille.

Réponses courtes

1. Où est-ce que Tembo et sa famille habitent?

2. Est-ce que Tembo est petit ou grand maintenant?

Tu es tout petit maintenant, mais un jour quand tu grandis tu seras très grand.

Vraiment, Maman?

Elle est ma sœur.
She is my sister.

Nouveaux mots
New Words

l'Afrique : Africa

la sœur : sister

la tante : aunt

J'adore manger de l'herbe, des plantes, des feuilles et des racines, mais pas de viande. Je peux manger plus de 200 kilogrammes de nourriture **chaque** jour.

Réponses courtes

1. Est-ce que Tembo mange de la viande?

2. Pourquoi est-ce que les éléphants marchent toute la journée?

Nous mangeons beaucoup de nourriture **parce que** nous avons besoin de notre énergie.   Nous marchons toute la journée et nous cherchons de la nourriture partout.

J'ai acheté ces choses parce qu'elles coûtent qu'un cent chacune.
I bought these things because they each cost one cent.

Le son [k]

*cha**qu**e*   *parce **qu**e*

each   because

Ollie l'**oiseau** est mon meilleur ami. Ollie est un **pique-bœuf**. Il est toujours avec moi et j'aime **beaucoup** sa compagnie.

Réponses courtes

1.   Est-ce que Ollie est un éléphant comme Tembo?

2.   Qu'est-ce que Ollie fait pour chatouiller Tembo?

Ollie mange les **mouches** qui habitent sur ma peau.

Ha ha ha...Ollie, tu me chatouilles!

Il y a beaucoup de mouches!
There are many flies!

Nouveaux mots
New Words

l'oiseau : bird   *le pique-bœuf : oxpecker*
beaucoup : many, very much
la mouche : fly

Je **me sens en sécurité** quand Ollie est avec moi. Il est très intelligent et il observe les animaux dangereux autour de nous. Il me signale quand je suis en danger.

> **Attention!** Je vois un alligator qui s'approche de nous.

Réponses courtes

1. Pourquoi est-ce que Tembo se sent en sécurité quand Ollie est là?

2. Comment est-ce que la mère de Tembo signale un danger?

Ma mère aussi me signale quand il y a un danger. Elle fait beaucoup de bruit avec sa trompe. C'est elle qui décide où nous allons, quand nous nous arrêtons et quand nous continuons.

Attention!
Watch out!

Nouvelles expressions
New Expressions

se sentir en sécurité : to feel safe
Attention! : Watch out!

J'adore **chercher** de l'eau avec Maman. Elle utilise ses défenses pour **creuser** la terre et chercher de l'eau. Ollie vient toujours avec nous. Il nous aide à chercher aussi.

3

Réponses courtes

1. Pourquoi est-ce que la mère de Tembo creuse la terre?

2. Est-ce que Tembo aime nager?

J'**aime** beaucoup nager et Ollie aime venir nager avec moi.

Mais il n'aime pas rouler dans la boue avec moi. Il n'aime pas se salir mais moi oui!

Nous cherchons le meilleur endroit pour creuser!
We look for the best place to dig!

Nouveaux verbes
New Verbs

chercher : to look for
creuser : to dig
aimer : to love

3

Ahhh!

Quand je me **lave**, je lave Ollie aussi! Il n'aime pas quand je le lave.

Réponses courtes

1. Est-ce que Ollie aime quand Tembo le lave?

2. Comment est-ce que Tembo nettoie Ollie?

J'**utilise** ma trompe pour **nettoyer** Ollie. Ah, comme c'est amusant d'être éléphant!

Tu as l'air sale, Ollie!

Je me lave les cheveux.
I wash my hair.

Nouveaux verbes
New Verbs

laver : to wash

utiliser : to use

nettoyer : to clean

Est-ce que tu te rappelles?

Remplis les espaces avec les mots donnés.
Fill in the blanks with the given words.

aime   marchons
allons   trompe
chercher

1 Ollie est toujours avec moi et j'_____ sa compagnie.

2.   Nous _____ toute la journée.

3.   Je fais du bruit avec ma _____ .

4.   Ma mère décide où nous _____ .

5.   Tembo adore _____ de l'eau avec sa maman.

Rimons ensemble

Utilise les mots donnés pour compléter le poème.
Use the given words to complete the poem.

nager

éléphant

rouler

amusant

intelligent

Tembo est un petit _____ ,

Son meilleur ami Ollie est _____ .

Il aime bien manger,

_____ dans la boue et _____ .

Être un bébé éléphant,

C'est vraiment _____ !

Conjuguons ensemble

Complète les conjugaisons. Ensuite remplis les espaces avec la bonne conjugaison en utilisant « aimer » ou « marcher ».

Complete the conjugations. Then fill in the blanks with the correct conjugation using "to love" or "to walk".

Aimer
to love

Fill in the blanks with "e", "es", "ons", or "ez".

j'   aim__

tu   aim___

il   aime

elle   aime

nous   aim____

vous   aim___

ils   aiment

elles   aiment

Marcher
to walk

Fill in the blanks with "e", "ons", "ez", or "ent".

je   marche

tu   marches

il   march__

elle   march__

nous   march____

vous   march___

ils   march____

elles   march____

---

1. _____
they walk
(all girls)

2. _____
we love

3. _____
he walks

4. _____
I walk

5. _____
they love
(David and Peter)

6. _____
she loves

7. _____
you walk
(you and Katie)

8. _____
you love

Conjuguons ensemble

Remplis les espaces à l'aide du tableau sur la page de gauche.

Fill in the blanks with the help of the table on the left page.

1. Tembo _____ beaucoup sa famille.

2. Sa famille _____ toute la journée.

3. Ollie l'oiseau n'_____ pas rouler dans la boue.

4. La mère de Tembo décide où ils _____ .

5. Tembo dit : « Nous _____ pour chercher de la nourriture. »

6. Tembo et sa mère _____ manger de l'herbe.

7. Tembo et Ollie sont des amis et ils

   s'_____ .

Résumé de l'histoire

Forme les phrases pour compléter le résumé de l'histoire.
Form the sentences to complete the summary of the story.

L'histoire de **Tembo**

1. Tembo _____

2. _____

3. _____

4. _____

Ollie	Tembo	
meilleur	est	
ami	le	de

Ollie et ma mère		
Je	avec	me
sens	en sécurité	

nettoyer	ma	
Ollie	pour	
J'utilise	trompe	

Khloé le bébé koala

Personnages

Khloé   Mère

Voilà mon petit **ange**.

Réponses courtes

1. Est-ce que Khloé est un éléphant?

2. Est-ce que Khloé habite dans un arbre?

Bonjour, je m'appelle Khloé et je suis un bébé koala. J'habite dans un **arbre** avec ma mère.

Ma mère me dit que j'étais **aveugle** et que je n'avais pas de **fourrure** quand je suis née.

Regarde ma belle fourrure.
Look at my beautiful fur.

Nouveaux mots
New Words

un ange : angel   un arbre : tree
aveugle : blind   la fourrure : fur

Ma mère mange les feuilles délicieuses de l'eucalyptus. C'est notre arbre préféré. Après elle **s'endort**. Aujourd'hui je ne veux pas manger. Je veux **descendre** de l'arbre.

Réponses courtes

1. Qu'est-ce que la mère de Khloé fait après qu'elle mange les feuilles?

2. Qu'est-ce que Khloé veut faire aujourd'hui?

Je ne peux pas descendre!
J'ai peur de **tomber**!

Quand est-ce que je vais
pouvoir descendre?

**N'aie pas peur. Descendons
l'échelle.**
Don't be scared. Let's go down the
ladder.

Nouveaux verbes
New Verbs

s'endormir : to fall asleep
descendre : to go down
tomber : to fall

« Khloé, aujourd'hui nous allons descendre et explorer les alentours », ma mère me dit.

Youpi!!!

Je suis **tellement** enthousiaste! Je saute sur son dos et elle descend de l'arbre. Elle saute très rapidement.

Réponses courtes

1. Qu'est-ce que Khloé et sa mère vont faire?

2. Est-ce que Khloé aime ce qu'elle voit en bas de l'arbre?

Nous sommes **finalement en bas** et hors du danger.

C'est tellement différent ici.

Tu me manques tellement, Coco!
I miss you so much, Coco!

Nouvelles expressions
New Expressions

tellement : so much, very
finalement : finally
en bas : below, down

CHIEN PERDU

WOUF! **WOUF!**

Qu'est-ce que c'est bruit? J'ai peur, Maman!

Réponses courtes

1. Qui fait le bruit « wouf wouf »?

2. Est-ce que les chiens sont dangereux pour Khloé et sa mère?

C'est un chien, Khloé. Nous devons courir!

Je suis **tellement** effrayée. Ma **mère** me tire par la main et me crie de courir! Je cours le plus rapidement possible.

J'aime tellement ma mère!
I love my mother so much!

Prononciation
Pronunciation

Le son [eh]

tellement
so much, very

mère
mother

Nous **courons** à notre arbre et nous y **montons** vite.

Comme c'est effrayant, Maman! Je ne veux pas descendre au sol.

Réponses courtes

1. Pourquoi est-ce que Khloé et sa maman montent dans l'arbre?

2. Comment est-ce que Khloé monte dans l'arbre?

Je ne suis pas assez forte pour monter dans l'arbre toute seule. Je dois m'**accrocher** à ma mère pour monter.

Tu es sauvée maintenant mon petit ange.

Nouveaux verbes
New Verbs

Je cours plus vite que vous!
I run faster than you!

courir : to run
monter : to go up
s'accrocher : to hang on to

Nous sommes si contentes d'être de retour à notre arbre. Nous mangeons les feuilles **délicieuses** d'eucalyptus pour célébrer.

Réponses courtes

1. Où sont les koalas maintenant?

2. Est-ce qu'elles aiment plus manger ou dormir?

Maintenant que nous sommes **pleines**, il est temps de dormir. Ma mère et moi, nous nous couchons dans l'arbre. Nous aimons bien manger mais nous aimons dormir beaucoup **plus**.

Nouveaux mots
New Words

Je veux plus de nourriture!
I want more food!

délicieuse : delicious

plein(e) : full

plus : more

Est-ce que tu te rappelles?

Utilise les indices pour compléter les mots de l'histoire. Ensuite remplis les espaces.
Use the clues to complete the words from the story. Then fill in the blanks.

h_____

m_____

d_____

m_____

t_____

Khloé et sa mère 1._____ dans les arbres. Elles 2._____

des feuilles d'eucalyptus. Elles aiment 3._____ et rester toute

la journée. Elles doivent 4._____ dans l'arbre quand il y a du

danger. Khloé a peur de 5._____ de l'arbre donc elle doit

s'attacher à sa mère.

À l'écrit

Complète les mots. Ensuite écris ce que les koalas peuvent faire.
Complete the words. Then write what the koalas can do.

m___t__

_ou____

m__g__

_or____

a__r__h__

1.   Je dois _____ quand il y a du danger.

2.   Je dois m'_____ à ma mère pour monter.

3.   Nous aimons _____ plus que manger.

4.   J'aime _____ des feuilles.

5

Je peux _____ sur

le dos de ma mère.

Conjuguons ensemble

Complète les conjugaisons. Ensuite remplis les espaces avec la bonne conjugaison en utilisant « être » ou « avoir ».

Complete the conjugations. Then fill in the blanks with the correct conjugation using "to be" or "to have".

Être
to be

Fill in the blanks with "suis", "es", or "sommes".

je _____

tu ___

il est

elle est

nous _____

vous êtes

ils sont

elles sont

Avoir
to have

Fill in the blanks with "ai", "avons", or "ont".

j' ___

tu as

il a

elle a

nous _____

vous avez

ils ____

elles ____

Je suis un bébé koala!

1. _____
he has

2. _____
they are
(all girls)

3. _____
I have

4. _____
we have

5. _____
you are
(you and Peter)

6. _____
they have
(all boys)

7. _____
he is

Conjuguons ensemble

Remplis les espaces à l'aide du tableau sur la page de gauche.
Fill in the blanks with the help of the table on the left page.

1. Khloé et sa mère _____ peur des chiens.

2. Les chiens _____ dangereux pour les koalas.

3. Khloé _____ peur de tomber de l'arbre.

4. Sa mère lui dit : « Tu n'avais pas de fourrure quand tu _____ née. »

5. Quand Khloé et sa mère _____ pleines, elles dorment.

6. Khloé _____ un koala très enthousiaste.

7. Ma mère et moi, nous _____ des koalas.

Résumé de l'histoire

Complète les phrases avec les mots donnés. Ensuite mets les phrases en ordre pour résumer l'histoire.

Complete the sentences with the given words. Then put the sentences in order to summarize the story.

arbre   descendent
contentes   chiens

A Khloé et sa mère courent

des _____ dangereux.

B Elles sont si _____ d'être de

retour à l'arbre.

C Khloé habite dans un _____ avec sa mère.

D Elles _____ de l'arbre pour explorer les alentours.

L'histoire de Khloé

Gisèle le bébé girafe

Personnages

Mère

Gisèle

Père

Salut! Je m'appelle Gisèle et je suis un bébé **girafe**. Ce sont mes parents! Je te présente mon papa et ma maman.

C'est notre gentille petite fille.

Réponses courtes

1. Comment s'appelle le bébé girafe?

2. Qu'est-ce que la mère de Gisèle lui donne à manger?

Ma mère est très **généreuse**. Elle me nourrit avec son lait. J'aime bien le lait mais je mange aussi des feuilles d'acacia. Ma mère passe beaucoup de temps à chercher la nourriture. Je **grignote** toute la journée!

Prononciation
Pronunciation

Le son [r]

gi<u>r</u>afe
giraffe

géné<u>r</u>euse
generous

g<u>r</u>ignoter
to nibble

Je **vis en troupeau** avec ma mère, ma tante, les autres mères et leurs bébés. Mon père vit seul.

Salut Gisèle!

Salut tante Lori!

Réponses courtes

1. Est-ce que Gisèle vit avec son père?

2. Avec qui est-ce que Gisèle joue?

Maman, je t'aime beaucoup.

Ma mère et moi, nous **passons** beaucoup **de temps** ensemble. Je passe **la plupart de** mon **temps** avec elle. Je joue aussi avec les autres bébés girafes.

J'aime passer du temps avec ma petite sœur.
I love to spend time with my baby sister.

Nouvelles expressions
New Expressions

vivre en troupeau : *to live in a herd*
passer du temps : *to spend time*
la plupart du temps : *most of the time*

Même si je suis très grande, je ne peux pas tout **atteindre**, pas toujours. Parfois, les oiseaux **se fâchent** avec moi!

Réponses courtes

1. Est-ce que Gisèle peut atteindre les oiseaux?

2. Qu'est-ce que la mère de Gisèle peut atteindre?

Ma mère est très grande. Elle peut tout atteindre.
Elle peut même atteindre les feuilles au sommet
des arbres.

Parfois, ma sœur se fâche avec moi.
Sometimes, my sister gets angry with me.

Nouveaux verbes
New Verbs

atteindre : to reach

se fâcher (avec) : to get angry (with)

Les girafes ne mangent pas
d'autres animaux mais il y
a quelques animaux qui
mangent des girafes.

Fais attention Gisèle!

Réponses courtes

1. Est-ce que les girafes mangent des animaux?

2. Est-ce que Gisèle doit faire attention aux autres animaux?

Maman me dit de faire attention aux **lions** et aux **léopards**. Les **hyènes** peuvent nous attaquer aussi!

les lions

les léopards

les hyènes

Je suis un léopard. Quel animal es-tu?
I am a leopard. What animal are you?

Je suis une lionne.
I am a lioness.

Nouveaux mots
New Words

un lion : lion   *une lionne : lioness*
un léopard : leopard
une hyène : hyena

Oh non!

Un jour, un lion très effrayant vient près de notre troupeau. Qu'est-ce que nous faisons? Nous nous réunissons. Tous ensemble, nous confondons le lion. Il pense que nous sommes un mur tacheté de jaune. C'est comme ça que nous **nous protégeons**!

Réponses courtes

1. Comment est-ce que les girafes se protègent?

2. Qu'est-ce qui confond le lion?

Ensuite nous chassons le lion. Voilà ce que nous faisons quand les lions **essayent** de **s'approcher** de nous. Ensemble nous sommes une grande force.

> **Regardez-moi. C'est comme ça que je me protège.**
> Look at me. This is how I protect myself.

Nouveaux verbes
New Verbs

se protéger : to protect

essayer : to try

s'approcher : to approach

Maman, merci de m'avoir enseigné **beaucoup de choses**. Je t'aime pour toujours!

Réponses courtes

1. Est-ce que Gisèle va toujours aimer sa mère?

2. Qu'est-ce que Gisèle va faire quand elle grandit?

Bientôt, je vais grandir et je vais pouvoir contribuer au troupeau. Je vais avoir des enfants **comme** ma mère.

Bientôt, je vais avoir beaucoup de bonbons.
Soon, I will have lots of candies.

Nouvelles expressions
New Expressions

beaucoup de : *lots of*

bientôt : *soon*

comme : *like, as*

Est-ce que tu te rappelles?

Complète les phrases avec les mots donnés.
Complete the sentences with the given words.

nourriture	troupeau	lait
passe	temps	faire attention

1. J'aime bien le _____ et manger des feuilles d'acacia.

2. Je vis en _____ avec ma famille.

3. Ma mère _____ beaucoup de temps à chercher la _____ .

4. Ma mère me dit de _____ aux lions, aux léopards et aux hyènes.

5

Je passe beaucoup de _____ avec ma famille.

Lettres brouillées

Crée des mots des lettres brouillées. Ensuite remplis les espaces pour compléter les phrases.

Unscramble the letters. Then fill in the blanks to complete the sentences.

agrnde

_____

iurerrnout

_____

èsenyh

_____

erdtatien

_____

mauxani

_____

1. Gisèle est trés _____ .

2. Les girafes doivent faire attention aux _____ .

3. La mère de Gisèle passe beaucoup de temps à chercher la

    _____ .

4. Même si je suis très grande, je ne peux pas tout _____ .

5. Les girafes ne mangent pas d'autres _____ .

Conjuguons ensemble

Complète les conjugaisons. Ensuite remplis les espaces avec la bonne conjugaison en utilisant « faire » ou « s'appeler ».

Complete the conjugations. Then fill in the blanks with the correct conjugation using "to make, to do" or "to be named, to be called".

Faire
to make, to do

Fill in the blanks with "s", "t", "ons", or "ont".

je	fai__
tu	fai__
il	fai__
elle	fai__
nous	fais____
vous	faites
ils	f____
elles	f____

S'appeler
to be named, to be called

Fill in the blanks with "e", "es", "ons", "ez", or "ent".

je	**m'**appell__
tu	**t'**appell____
il	**s'**appell__
elle	**s'**appell__
nous	**nous** appel____
vous	**vous** appel____
ils	**s'**appell____
elles	**s'**appell____

1. _____
she makes

2. _____
they are called
(Pierre and Lucy)

3. _____
you are named

4. _____
you make
(you and Sophie)

5. _____
we are called

6. _____
they do
(Sam and Michael)

Conjuguons ensemble

Remplis les espaces à l'aide du tableau sur la page de gauche.

Fill in the blanks with the help of the table on the left page.

1. Le bébé girafe dans cette histoire s'_____

2. La mère de Gisèle dit : « _____ attention! »

3. Tous les girafes _____ tout pour se protéger.

4. Gisèle demande : « Qu'est-ce que nous _____ quand un lion vient près de nous? »

5. Qu'est-ce que Gisèle _____ pendant la journée?

6. Les lions et les léopards _____ des bruits effrayants.

Gisèle!

Résumé de l'histoire

Complète les phrases avec les mots donnés. Ensuite mets les phrases en ordre pour résumer l'histoire.

Complete the sentences with the given words. Then put the sentences in order to summarize the story.

troupeau	bébé	avoir	plupart

A.   Elle habite avec sa famille en _____ .

B.   Un jour, Gisèle veut _____ des enfants comme sa mère.

C.   Gisèle est un _____ girafe qui aime ses parents.

D.   Elle passe la _____ de son temps avec sa mère.

L'histoire de **Gisèle**

____ , ____ , ____ , ____

Amusez-vous avec les dialogues

Have Fun with Dialogues

1. Make your conjugation book.

   a. Cut out pages 209 to 212.

   b. Cut along the dotted lines to make six spread pages.

   c. Fold the spread pages and put them in order.

   d. Staple them.

2. Complete the dialogues on page 207 by filling in the correct verbs with the help of the conjugation book.

3. Cut out the dialogues and paste them in the boxes to see what the children and the animals are saying.

La danse avec Nick Moreau

Dancing with Nick Moreau

J'_____ le danseur.
to reach

Tu _____ les nouilles et je
to eat

_____ les légumes.
to eat

Ils _____ ensemble
to dance

joyeusement.

Je _____ Nick Moreau.
to be named

J'_____ au Canada et
to live

j'_____ la danse.
to learn

Vous _____ mon animal
to be

préféré.

Tu _____ fatigué. Tu
to be

_____ .
to fall asleep

M. Moreau _____ danser.
to be able to

J'_____ son costume.
to love

Nous _____ . Ne nous
to run

_____ pas!
to chase

Mon livre de Conjugaison

My Conjugation Book

descendre
to go down

je	descends
tu	descends
il	descend
elle	descend
nous	descendons
vous	descendez
ils	descendent
elles	descendent

21

avoir
to have

j'	ai
tu	as
il	a
elle	a
nous	avons
vous	avez
ils	ont
elles	ont

2

	apprendre to learn	**atteindre** to reach
j'	apprends	atteins
tu	apprends	atteins
il	apprend	atteint
elle	apprend	atteint
nous	apprenons	atteignons
vous	apprenez	atteignez
ils	apprennent	atteignent
elles	apprennent	atteignent

19

Je t'aime!

4

	être to be	**faire** to do
je	suis	fais
tu	es	fais
il	est	fait
elle	est	fait
nous	sommes	faisons
vous	êtes	faites
ils	sont	font
elles	sont	font

1

Elle descend.

22

	aimer to love	**habiter** to live
j'	aime	habite
tu	aimes	habites
il	aime	habite
elle	aime	habite
nous	aimons	habitons
vous	aimez	habitez
ils	aiment	habitent
elles	aiment	habitent

3

	s'endormir to fall asleep
je	m'endors
tu	t'endors
il	s'endort
elle	s'endort
nous	nous endormons
vous	vous endormez
ils	s'endorment
elles	s'endorment

20

	sauter to jump	**chasser** to chase
je	saute	chasse
tu	sautes	chasses
il	saute	chasse
elle	saute	chasse
nous	sautons	chassons
vous	sautez	chassez
ils	sautent	chassent
elles	sautent	chassent

5

Il peut nager.

18

	pouvoir to be able to	devoir to have to
je	peux	dois
tu	peux	dois
il	peut	doit
elle	peut	doit
nous	pouvons	devons
vous	pouvez	devez
ils	peuvent	doivent
elles	peuvent	doivent

17

	porter to wear	parler to talk
	porte	parle
	portes	parles
	porte	parle
	porte	parle
	portons	parlons
	portez	parlez
	portent	parlent
	portent	parlent

6

	sentir to feel, to smell	courir to run
je	sens	cours
tu	sens	cours
il	sent	court
elle	sent	court
nous	sentons	courons
vous	sentez	courez
ils	sentent	courent
elles	sentent	courent

15

Nous mangeons la crème glacée.

8

	trouver to find	jouer to play
je	trouve	joue
tu	trouves	joues
il	trouve	joue
elle	trouve	joue
nous	trouvons	jouons
vous	trouvez	jouez
ils	trouvent	jouent
elles	trouvent	jouent

13

s'appeler to be named
m'appelle
t'appelles
s'appelle
s'appelle
nous appelons
vous appelez
s'appellent
s'appellent

Elle s'appelle Émilie!

10

	chercher to look for	**manger** to eat
je	cherche	mange
tu	cherches	manges
il	cherche	mange
elle	cherche	mange
nous	cherchons	mangeons
vous	cherchez	mangez
ils	cherchent	mangent
elles	cherchent	mangent

7

	grandir to grow
	grandis
	grandis
	grandit
	grandit
	grandissons
	grandissez
	grandissent
	grandissent

Vous grandissez rapidement.

16

	se protéger to protect
je	me protège
tu	te protèges
il	se protège
elle	se protège
nous	nous protégeons
vous	vous protégez
ils	se protègent
elles	se protègent

9

	danser to dance	**monter** to go up
	danse	monte
	danses	montes
	danse	monte
	danse	monte
	dansons	montons
	dansez	montez
	dansent	montent
	dansent	montent

14

	aller to go	**nager** to swim
je	vais	nage
tu	vas	nages
il	va	nage
elle	va	nage
nous	allons	nageons
vous	allez	nagez
ils	vont	nagent
elles	vont	nagent

11

	tomber to fall	**laver** to wash
	tombe	lave
	tombes	laves
	tombe	lave
	tombe	lave
	tombons	lavons
	tombez	lavez
	tombent	lavent
	tombent	lavent

12

Réponses Answers   Grade 4

1   Les objets de classe
School Supplies

A. 1. m   2. f
    3. m   4. m
    5. m   6. f
    7. m   8. f
    9. f   10. f
   11. m ; m ; m

B. 1. le tableau noir
    2. le crayon
    3. le pupitre
    4. la chaise
    5. le bureau
    6. le tapis
    7. la règle
    8. le livre

C.

sac à dos ; livre ; crayon ; marqueur ; cahier ;
règle ; cartable ; stylo ; chaise ; papier ; tapis ;
gomme

D. des stylos ; des tableaux ; les pupitres ; les
    chaises ; des tapis ; les livres ; des bureaux ;
    des règles ; les crayons

E. 1a. cartable
     b. cartables
    2a. C'est un pupitre.
     b. Ce sont des pupitres.
    3a. C'est une chaise.
     b. Ce sont des chaises.
    4a. C'est une gomme.
     b. Ce sont des gommes.
    5a. C'est une règle.
     b. Ce sont des règles.

2   À l'école
At School

B. 1. la directrice
    2. la secrétaire
    3. l'étudiant
    4. le professeur
    5. le concierge

C. 1. C ; la bibliothèque
    2. B ; la cafétéria
    3. D ; la salle de classe
    4. A ; la cour d'école

D. 1. la bibliothèque
    2. la classe de musique
    3. Est-ce que je peux aller à la salle de classe?

3   La famille
Family

B. père ; mère
    sœur ; frère
    fille ; fils
    bébé
    animal domestique
    grand-père
    grand-mère
    oncle ; cousine
    cousin ; tante

C. 1. sœur   2. grand-mère
    3. oncle   4. cousine
    5. grand-père   6. tante
    7. cousin   8. bébé

D. (Réponses individuelles)

E. frère
    tante
    grand-mère
    cousin
    l'oncle
    fils
    sœur
    mot mystère : famille

F. 1. la ; tante
    2. la ; grand-mère
    3. Alice/Christie ; de
    4. le ; cousin
    5. la ; fille
    6. la ; de

Réponses Answers

4 Les jours de la semaine
The Days of the Week

B. 1 lundi ; 4 jeudi ; 7 dimanche
5 vendredi ; 2 mardi
6 samedi ; 3 mercredi

C. 1. le calendrier
2. la date
3. une semaine
4. un jour
5. les jours de la semaine
lundi
mardi
mercredi
jeudi
vendredi
samedi
dimanche

D. les jours de la semaine
lundi
mardi
mercredi
jeudi
vendredi
la fin de semaine
samedi
dimanche

E. la semaine ; la fin de semaine

F. 1. DIMANCHE   2. LUNDI
3. MERCREDI   4. CALENDRIER
5. DATE   6. VENDREDI

G. 1-7. je vais à

5 Les mois de l'année
The Months of the Year

B. (Réponses individuelles)
C. février ; juin ; octobre
novembre ; décembre
mars ; juillet ; avril
août ; septembre ; mai
janvier

D. 1. avril   2. décembre
3. octobre   4. septembre
5. juillet   6. mai

E.

janvier
février
mars
avril
mai
juin
juillet
août
septembre
octobre
novembre
décembre

F. 1. A: le samedi 17 août 2013
B: le lundi 10 juin 2013
C: le vendredi 5 juillet 2013
2. (Réponses individuelles)

6 Les nombres : de 1 à 15
Numbers: 1 to 15

B.

C. 1. quatorze   2. huit
3. treize   4. cinq
5. six   6. deux
7. quatre   8. trois
9. sept   10. neuf

D.

E.
quatre
onze
six
quatorze
un
sept

F. 1. Il y a   2. Il y a
3. trois   4. six

G. 1. There are three pens.
2. There are six books.

7   Les nombres : de 16 à 30
Numbers: 16 to 30

B.

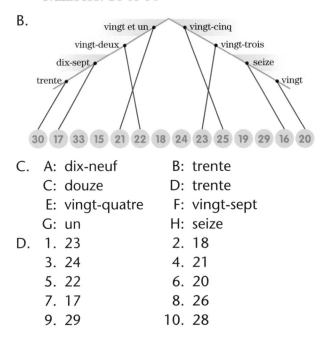

C. A: dix-neuf   B: trente
C: douze   D: trente
E: vingt-quatre   F: vingt-sept
G: un   H: seize

D. 1. 23   2. 18
3. 24   4. 21
5. 22   6. 20
7. 17   8. 26
9. 29   10. 28

11. 30   12. 25
13. 13   14. 27
15. 16   16. 19

E.

F. 1. Il y a vingt-quatre crayons.
2. Il y a seize marqueurs.
3. Combien de gommes y a-t-il?
4. Combien de cahiers y a-t-il?

8   L'heure et le temps du jour
The Hour and the Time of Day

B. 1. 2 h 45   2. 6 h 55
3. 4 h 27   4. 12 h 04
5. 11 h 17   6. 3 h 58
7. 6 h 45   8. 11 h 05
9. 6 h 15   10. 4 h 25

C. 1. 8 h 30   2. 10 h 15
3. 13 h 30   4. 15 h 45
5. 7 h 50   6. 12 h 07
7. 21 h 15   8. 11 h 25
9. 16 h 40   10. 13 h 45
11. 10 h 45   12. 18 h 55

E. 1. le soir   2. l'après-midi
3. le matin   4. l'après-midi
5. le matin   6. le soir

Réponses Answers

F.

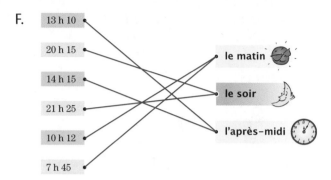

G. 1. A   2. C

H. 1. Il est 10 h 25 à Paris.
   2. Il est 15 h à New York.
   3. Il est 19 h 15 à Londres.
   4. Il est 8 h 20 à Toronto.

La révision 1
Revision 1

A. 1. B   2. B
   3. B   4. A
   5. C   6. A
   7. B   8. C
   9. A   10. C
  11. A   12. A
  13. C   14. C
  15. A

B. A: le soir
   B: octobre
   C: dix
   D: un cahier
   E: décembre
   F: midi
   G: jeudi
   H: un calendrier
   I: vingt-huit
   J: un bébé
   K: un animal domestique
   L: une minute
   M: un cartable
   N: une professeure
   O: un crayon de couleur

C. the librarian: K
   brother: L
   the month: I
   August: J
   a week: A
   a pen: D
   the gym: B
   Sunday: H
   March: G
   a student: C
   a daughter: E
   the scissors: F

D. 1. A   2. C
   3. A   4. A
   5. A   6. B
   7. A   8. B

9 Les pronoms personnels sujets
Personal Subject Pronouns

B. 1. il
   2. il
   3. elle
   4. il
   5. elle
   6. il
   7. elle
   8. il
   9. elle
  10. elle
  11. il
  12. il
  13. elle
  14. il

C. 1. ils
   2. ils
   3. ils
   4. elles
   5. elles
   6. ils
   7. ils
   8. ils

D. 1. avons
   2. ont
   3. ai
   4. as

E. (Réponses suggérées)

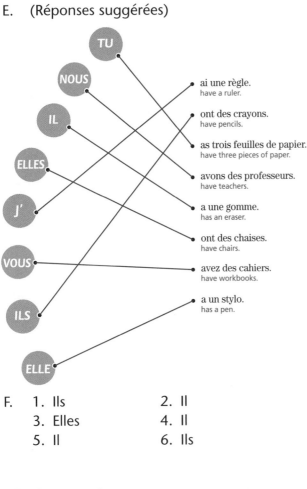

TU · · ai une règle.
NOUS · have a ruler.

IL · · ont des crayons.
have pencils.

ELLES · · as trois feuilles de papier.
have three pieces of paper.

J' · · avons des professeurs.
have teachers.

VOUS · · a une gomme.
has an eraser.

ILS · · ont des chaises.
have chairs.

· avez des cahiers.
have workbooks.

ELLE · · a un stylo.
has a pen.

F. 1. Ils   2. Il
    3. Elles   4. Il
    5. Il   6. Ils

10 Chez moi
At My House

B. 1. B, C   2. C, D
    3. A, B, D   4. A, B
C. 1. le toit   2. le garage
    3. la porte   4. la cheminée
    5. la fenêtre
D. 1. suis   2. est
    3. êtes   4. sont
    5. suis   6. suis
E. 1. Il est dans le salon.
    2. Elle est dans la buanderie.
    3. Elle est dans la salle de bain.
    4. Il est dans la chambre à coucher.
    5. Elle est dans la cuisine/la salle à manger/
       le salon.
F. A: Où est le réfrigérateur?
    B: Où est le canapé?
G. 1. A   2. B
    3. B   4. A

11 Les animaux domestiques
Domestic Animals (Pets)

B. 1. un oiseau   2. un lapin
    3. un poisson   4. un serpent
    5. un chat   6. une grenouille
C. 1. un lapin ; une tortue ; un oiseau
    2. un chien ; une grenouille ; un oiseau
    3. une grenouille ; un serpent ; un poisson
D. 1. chat   2. chien
    3. poisson   4. oiseau
    5. hamster   6. lapin
    7. tortue   8. cochon d'Inde
    9. lézard   10. grenouille ; chienne
E. 1. serpent   2. grenouille
    3. poisson   4. lapin
    5. tortue   6. lézard
    7. chat   8. oiseau
    9. chien
F. 1. poisson
    2. grenouille
    3. chat
    4. cochon d'Inde
    5. lapin
    6. hamster
    7. lézard
    8. oiseau

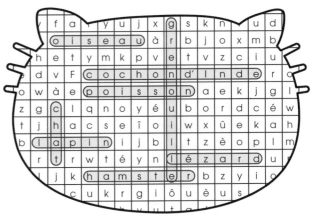

G. 1. est le lapin
    2. est la tortue
    3. est l'oiseau
H. (Réponse individuelle)

12 Les couleurs
Colours

B. 1. le gris   2. le rose
    3. l'orange   4. le bleu pâle
    5. le vert foncé

C.

D.

| purple | pink | brown | black | dark green |

rouge   violet
bleu   rose
orange   brun
vert   noir
bleu pâle   vert foncé

| red | blue | orange | green | light blue |

E. 1. le vert ; le rouge
    2. le gris ; le jaune
    3. le blanc ; le bleu
    4. le blanc ; le noir
    5. A: le violet
       B: l'orange
       C: le rose
       D: le bleu marine
       E: le bleu pâle
       F: le vert

F. 1. as une gomme blanche
    2. a des règles bleues
    3. a un sac à dos rouge
    4. ont un marqueur vert
    5. ai des cartables orange

G. 1. J'aime le rouge.
      Je n'aime pas le rouge.
    2. J'aime le vert.
      Je n'aime pas le vert.
    3. J'aime l'orange.
      Je n'aime pas l'orange.
    4. J'aime le violet.
      Je n'aime pas le violet.

13 Les saisons
The Seasons

B. (Réponses individuelles)
C. 1. l'été
    2. C'est l'hiver.
    3. C'est l'automne.
    4. C'est le printemps.
D. 1. Le bonhomme de neige est blanc.
      l'hiver
    2. Le soleil est jaune.
      l'été
    3. La feuille est orange.
      l'automne
    4. La pluie est bleue.
      le printemps
    5. La citrouille est orange.
      l'automne
E. l'hiver ; le printemps
   l'automne ; l'été

Les saisons

F. 1. la neige ; le bonhomme de neige

2. la fleur

3. la plage ; le soleil

4. la feuille ; la citrouille

G. 1. en automne
2. en hiver
3. au printemps
4. en été

14 Le temps
The Weather

B. (Réponses individuelles)
C. 1. orage   2. beau
3. neige   4. tonnerre
5. glace   6. vent
7. soleil   8. éclair
9. frais
10. brouillard
11. pluie
12. nuages

D. 1. Il y a des nuages.
2. Il y a du soleil.
3. Il pleut.
4. Il y a du vent.
5. Il y a des éclairs.
E. 1. du soleil   2. il y a du vent
3. des nuages   4. neige
5. pleut
F. 1. Quel temps fait-il?
What's the weather like?
2. Il fait chaud.
It's hot.
3. Il y a des nuages.
It's cloudy.
4. Il fait frais.
It's cool.
G. A: Il y a de l'orage./Il fait mauvais.
B: Il y a du vent./Il fait beau.
C: Il fait beau./Il y a du soleil.
D: Il neige./Il y a du vent./Il fait froid.
E: Il fait chaud./Il y a du soleil.
F: Il pleut.

15 Les vêtements
Clothing

B. A: la jupe
B: le short
C: les sous-vêtements
D: les chaussures/les bottes
E: le tee-shirt
F: la chemise
G: les sandales
H: le manteau
I: le pantalon
J: les mitaines
K: la robe
L: les chaussettes
C. (Réponses suggérées)
1. un chandail ; un pantalon ; des chaussures
2. une blouse ; une jupe ; des sandales
3. un manteau ; des gants ; une tuque
4. un maillot de bain ; des sandales ; un chapeau

D. (Réponses individuelles)
E. Vertical   Horizontal
    A: gants   1: jean
    B: blouse   2: bottes
    C: tuque   3: chapeau
    D: jupe   4: sandales
    E: robe
    F: short

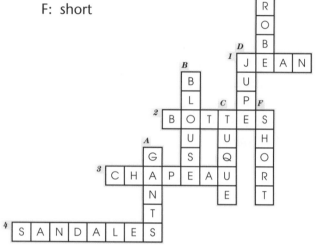

F. 1. un chapeau
    I am wearing a hat.
  2. portes des mitaines
    You are wearing mittens.
  3. porte une jupe
    She is wearing a skirt.
  4. porte un sous-vêtement
    Marcel is wearing underwear.
  5. porte une robe
    I am wearing a dress.

16 La nourriture et les repas
Food and Meals

B. 1. les fruits   2. les légumes
  3. la viande   4. les produits laitiers
  5. les repas   6. les céréales
C. (Réponses individuelles)
D. 1. Le dîner est le repas de midi.
  2. Le souper est le repas du soir.
  3. La pomme est un fruit.
  4. Le poisson est une viande.
  5. Le gâteau est un dessert.
  6. Le céleri est un légume.
  7. La banane est un fruit.
  8. Le lait est un produit laitier.

E. 1. du poisson
    He is eating fish.
  2. manges de la crème glacée
    You are eating ice cream.
  3. mange une banane
    She is eating a banana.
  4. mange du yogourt
    Marcel is eating yogourt.
  5. mange un gâteau
    I'm eating a cake.
F. (Réponses individuelles)

La révision 2
Revision 2

A. 1. A   2. C   3. A
  4. C   5. B   6. C
  7. D   8. B   9. A
  10. B   11. A   12. C
  13. B   14. A   15. C
B. A: la neige
  B: le bonhomme de neige
  C: l'éclair   D: le tonnerre
  E: un chat   F: une baignoire
  G: une lampe   H: un chien
  I: un poisson   J: un râteau
  K: des feuilles   L: un oiseau
  M: le déjeuner   N: un biscuit
  O: le lait
C. you (sg.) are: E
  the living room: K
  a shower: D
  she is: H
  ice: B
  summer: I
  beef: A
  a guinea pig: C
  I have: M
  a rabbit: G
  chicken: J
  a dress: F
  a snake: L

D. 1. A   2. C
  3. C   4. A
  5. C   6. A
  7. A   8. B

Histoire 1
Kinta le bébé kangourou

p. 128   Est-ce que tu te rappelles?

1. poche ventrale
2. nager
3. l'herbe ; feuilles
4. mignon
5. dehors

p. 129   Conjuguons ensemble

mange ; manges ; mange ; mange ; mangeons ;
mangez ; mangent ; mangent

1. mangeons
2. habitent
3. mangent
4. habite

p. 130   À l'écrit

mange ; L'herbe ; des feuilles ; la nuit

p. 131   Corrige les erreurs

1. Kinta (habiter) avec sa mère.   *habite*
2. Les kangourous utilisent (la tête) pour sauter.   *les pattes arrière*
3. Les kangourous mangent (des animaux).   *de l'herbe et des feuilles*
4. Les kangourous vont être les meilleurs (danseur).   *danseurs*
5. Kinta enseigne à son (père) comment danser.   *frère*

p. 132   Résumé de l'histoire

1. Kinta habite avec sa mère et son frère.
2. Kinta peut sauter haut et vite.
3. Les kangourous ont une queue puissante.
4. Les kangourous aiment nager dans l'eau.

Histoire 2
Doudou le bébé dauphin

p. 146   Est-ce que tu te rappelles?

1. habite
2. respire
3. tête
4. attraper
5. enseigne
6. siffler

p. 147   Mots cachés

w	m	u	l	d	e	f	j	l	s	d	m	k	o
c	b	t	r	o	u	t	m	b	e	m	o	e	j
h	r	i	d	h	t	w	f	i	c	a	n	v	r
a	l	d	a	u	p	h	i	n	l	t	e	n	d
s	e	e	t	v	o	d	x	q	s	t	o	t	s
s	i	c	m	b	i	h	k	e	e	r	s	h	i
e	t	g	w	a	s	e	t	g	y	a	m	r	f
r	q	k	d	t	s	f	e	s	m	p	u	w	f
b	w	z	r	q	o	u	o	l	n	e	g	o	l
a	p	p	r	e	n	d	r	e	d	r	q	a	e
a	x	i	o	y	k	n	b	b	u	c	c	m	r

p. 148   Conjuguons ensemble

parle ; parles ; parle ; parle
devons ; devez ; doivent ; doivent

1. il doit
2. ils parlent
3. elle parle
4. je dois
5. tu parles
6. nous devons
7. elles doivent
8. ils parlent

p. 149   Conjuguons ensemble

1. parle
2. parlent
3. doit
4. devons
5. parlons
6. dois
7. parle

p. 150   Résumé de l'histoire

1. J'habite dans la mer avec ma famille.
2. Je respire par le trou sur ma tête.
3. Je peux sauter en l'air très haut.
4. Ton père t'enseigne comment parler.

Réponses Answers

Histoire 3
Tembo le bébé éléphant

p. 164 Est-ce que tu te rappelles?
1. aime
2. marchons
3. trompe
4. allons
5. chercher

p. 165 Rimons ensemble
éléphant ; intelligent ; Rouler ; nager ; amusant

p. 166 Conjuguons ensemble
aime ; aimes ; aimons ; aimez
marche ; marche ; marchons ; marchez ;
marchent ; marchent
1. elles marchent
2. nous aimons
3. il marche
4. je marche
5. ils aiment
6. elle aime
7. vous marchez
8. tu aimes

p. 167 Conjuguons ensemble
1. aime
2. marche
3. aime
4. marchent
5. marchons
6. aiment
7. aiment

p. 168 Résumé de l'histoire
1. Tembo habite en Afrique avec sa famille.
2. Ollie est le meilleur ami de Tembo.
3. Je me sens en sécurité avec Ollie et ma mère.
4. J'utilise ma trompe pour nettoyer Ollie.

Histoire 4
Khloé le bébé koala

p. 182 Est-ce que tu te rappelles?
habiter ; manger ; dormir ; monter ; tomber
1. habitent
2. mangent
3. dormir
4. monter
5. tomber

p. 183 À l'écrit
monter ; courir ; manger ; dormir ; accrocher
1. courir
2. accrocher
3. dormir
4. manger
5. monter

p. 184 Conjuguons ensemble
suis ; es ; sommes
ai ; avons ; ont ; ont
1. il a
2. elles sont
3. j'ai
4. nous avons
5. vous êtes
6. ils ont
7. il est

p. 185 Conjuguons ensemble
1. ont
2. sont
3. a
4. es
5. sont
6. est
7. sommes

p. 186 Résumé de l'histoire
A: chiens
B: contentes
C: arbre
D: descendent
C ; D ; A ; B

Histoire 5
Gisèle le bébé girafe

p. 200 Est-ce que tu te rappelles?
1. lait
2. troupeau
3. passe ; nourriture
4. faire attention
5. temps

p. 201 Lettres brouillées

grande ; nourriture ; hyènes ; atteindre ; animaux

1. grande
2. hyènes
3. nourriture
4. atteindre
5. animaux

p. 202 Conjuguons ensemble

fais ; fais ; fait ; fait ; faisons ; font ; font

m'appelle ; t'appelles ; s'appelle ; s'appelle ;
appelons ; appelez ; s'appellent ; s'appellent

1. elle fait
2. ils s'appellent
3. tu t'appelles
4. vous faites
5. nous nous appelons
6. ils font

p. 203 Conjuguons ensemble

1. appelle
2. Fais
3. font
4. faisons
5. fait
6. font

p. 204 Résumé de l'histoire

A: troupeau
B: avoir
C: bébé
D: plupart
C ; A ; D ; B

Amusez-vous avec les dialogues
Have Fun with Dialogues